# Parques Nacionales
## COSTA RICA
# National Parks

© Copyright 1987 ❤ Incafo, S.A., Castelló 59
28001 Madrid
Editado por ❤ Incafo, S.A. para la Fundación Neotrópica
de Costa Rica
Fotocomposición: Pérez-Díaz, Madrid
Fotomecánica: Cromoarte, Barcelona
Impresión: Industrias Gráficas Alvi, Madrid
ISBN: 84-85389-57-3
Depósito legal: M-38850-1987

# Parques Nacionales
# COSTA RICA
# National Parks

FUNDACION DE PARQUES NACIONALES
Costa Rica

FUNDACION NEOTROPICA
Costa Rica

FUNDACION TINKER
E.U.A.

## Mario A. Boza

# Contenido

# Table of contents

# Introducción

Los parques nacionales y las reservas equivalentes de Costa Rica protegen lo mejor del patrimonio natural y cultural de la nación. Estas áreas silvestres superlativas protegen un gran número de las 208 especies de mamíferos, 850 de aves, 132 de anfibios y 220 de reptiles que se han encontrado en el país; y conservan la mayor parte de las aproximadamente 9.000 especies de plantas vasculares que se han identificado, lo que corresponde a casi el 4 por 100 del total de especies de plantas que existen, tales como bosques caducifolios, manglares, bosques pluviosos, lagunas herbáceas, bosques nubosos, páramos, yolillales, robledales, arrecifes de coral, bosques ribereños y bosques pantanosos. Pero además, el sistema de parques nacionales y reservas equivalentes contiene áreas de interés geológico, como volcanes activos, fuentes termales y cavernas; escénico,

como playas y cataratas; histórico y arqueológico, como campos de batalla y asentamientos precolombinos; y de excepcional importancia conservacionista, como playas donde ocurren arribadas de tortugas marinas, islas donde anidan pelícanos y tijeretas de mar, y zonas donde se encuentran los últimos remanentes de los bosques secos mesoamericanos.

El sistema de parques nacionales y reservas equivalentes de Costa Rica comprende un total de 29 unidades que abarcan unas 525.000 Ha. de superficie, lo que equivale al 10,3 por 100 del territorio nacional. Estas áreas, a causa de la notable diversidad y riqueza biológicas que poseen, se han convertido en una verdadera «meca» para los ecoturistas, los naturalistas y los investigadores que desean admirar y estudiar la exuberancia de la naturaleza tropical costarricense.

# Introduction

The national parks and equivalent reserves of Costa Rica protect the nation's most outstanding natural and cultural heritage. Exquisite wildland areas offer protection to most of the 208 species of mammals, 850 birds, 220 reptiles and 132 amphibians that have been recorded for the country as well as to over 9.000 species of vascular plants that have been identified to date. These plant species account for almost 4 percent of the total number of plant types known to exist in the world. The protected areas are also important conservation sites for almost all of Costa Rica's diverse habitat types such as deciduous forests, mangrove swamps, rain forests, herbaceous swamps, cloud forests, paramos, holillo forests, oak groves, coral reefs, riparian forests, and swamp forests. Exceptionally important areas such as nesting beaches for endangered sea turtles which arrive in huge arribadas, island roosting sites for pelicans and magnificent frigatebirds, and rare habitat types such as the few remaining fragments of Middle American dry forests are protected as well. Furthermore, the system of national parks and reserves contains numerous areas of geologic interest from active volcanoes and thermal springs to caves and beautiful scenic landscapes with cascading waterfalls and sandy beaches. Important historical and archeological sites include battlefields and precolombian settlements.

The Costa Rican system of national parks and equivalent reserves comprises a total of 29 units which cover approximately 525,000 hectares, an area equivalent to 10,3 percent of the country. Because of their remarkable biological richness and diversity, Costa Rica has become an international center for scientists, naturalists, and ecotourists who wish to study and admire the exuberant tropical American flora and fauna.

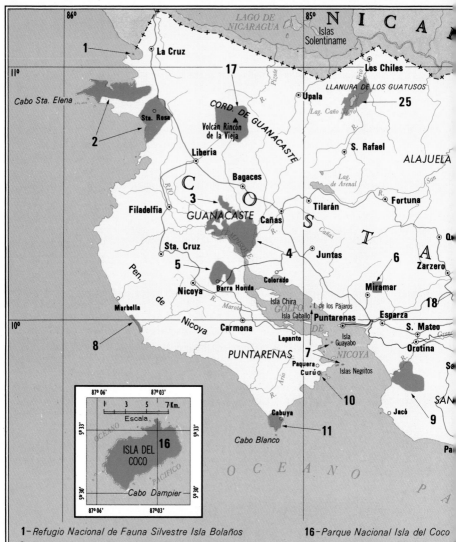

1 – Refugio Nacional de Fauna Silvestre Isla Bolaños

2 – Parque Nacional Santa Rosa

3 – Reserva Biológica Lomas Barbudal

4 – Parque Nacional Palo Verde y Refugio Nacional de Fauna Silvestre Dr. Rafael Lucas Rodríguez Caballero

5 – Parque Nacional Barra Honda

6 – Refugio Silvestre de Peñas Blancas

7 – Reservas Biológicas de las Islas Guayabo, Negritos y de los Pájaros

8 – Refugio Nacional de Fauna Silvestre Ostional

9 – Reserva Biológica Carara

10 – Refugio Nacional de Vida Silvestre Curú

11 – Reserva Natural Absoluta Cabo Blanco

12 – Parque Nacional Manuel Antonio

13 – Reserva Biológica Isla del Caño

14 – Refugio Nacional de Fauna Silvestre Golfito

15 – Parque Nacional Corcovado

16 – Parque Nacional Isla del Coco

17 – Parque Nacional Rincón de la V

18 – Parque Nacional Volcán Poás

19 – Parque Nacional Braulio Carri

20 – Parque Nacional Volcán Irazú

21 – Monumento Nacional Guayabo

22 – Refugio Nacional de Fauna Sil

23 – Parque Nacional Chirripó y Par de La Amistad Costa Ric

24 – Reserva Biológica Hitoy-Cerere

25 – Refugio Nacional de Vida Silve

26 – Refugio Nacional de Fauna Sil del Colorado

27 – Parque Nacional Tortuguero

28 – Parque Nacional Cahuita

29 – Refugio Nacional de Vida Silve Gandoca–Manzanillo

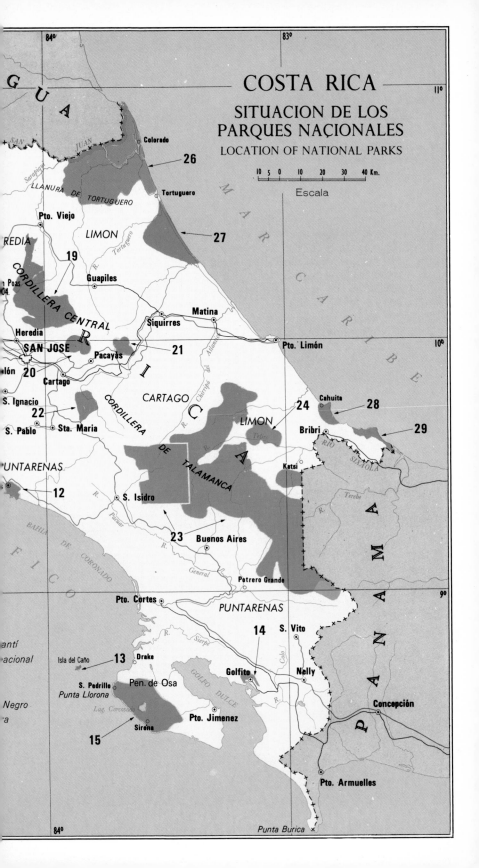

# COSTA RICA

## SITUACION DE LOS
## PARQUES NACIONALES
### LOCATION OF NATIONAL PARKS

Escala

10  5  0   10    20    30    40 Km.

# Refugio Nacional de Fauna Silvestre Isla Bolaños

**25 Ha.**

La isla Bolaños es un peñón de 81 m. de altura, de forma ovalada y de topografía irregular, que se localiza a 1,5 km. de la costa de Punta Descartes. La vegetación natural está constituida por un matorral deciduo, muy denso y difícil de penetrar, de unos 2 m. de alto, constituido especialmente por paira *(Melanthera nivea)*, del cual sobresalen árboles de mediana altura principalmente de flor blanca *(Plumeria rubra)*, higuerón de corona *(Ficus ovalis)* y de alfajillo *(Trinchilia hirta)*. Estas dos especies, junto con el bejuco leñoso *Arrabidea corallina* constituyen las principales plantas sobre las que anidan las aves. Bola-

ños es de especial importancia para conservación de aves marinas, por cuanto protege una de las pocas áreas que se conocen en el país donde anidan colonias de pelícanos pardos *(Pelecanus occidentalis)*, y es la única hasta ahora descubierta en la que anidan tijeretas de mar *(Fregata magnificens)* y ostreros americanos *(Haematopus palliatus)*. Dos subcolonias de pelícanos han sido observadas en la parte N de la isla, donde anidan en total de 150 a 200 hembras. La colonia de tijeretas de mar está constituida por unos 200 individuos que anidan en los farallones de la parte SO de la isla, a unos 30-40 m. de altura. Los garrobos *(Ctenosaura similis)* son muy abundantes. La isla presenta una playa de arena blancuzca en su extremo E, donde se observan gran cantidad de conchas de caracoles y almejas. El mar que la rodea es de aguas azules y transparentes, y presenta una gran diversidad de vida marina. La zona es una de las más secas del país, con menos de 1.500 mm. de precipitación anual.

# Bolaños Island National Wildlife Refuge

25 Ha.

Bolaños Island is a rugged, oval-shaped rocky mount 81 meters high, located 1.5 km. off the coast of Descartes Point. The region is one of the driest in the country with less than 1.500 mm. of annual rainfall. The vegetation is made up of very thick, deciduous thickets, difficult to penetrate. Standing about 2 meters in height, the thickets mainly consist of paira *(Melanthera nivea)* and other medium-sized trees such as frangipangi *(Plumeria*

nesting sites for seabirds. It protects one of the few known nesting areas in the country for the brown pelican *(Pelecanus occidentalis)* and the only nesting site to date in Costa Rica for the magnificent frigatebird *(Fregata magnificens)*, and the American oyster-catcher *(Haematopus palliatus)*.

Two small colonies of pelicans have been observed on the northern part of the island where a total of 150-200 females nest. The frigatebird colony, which nests on the southern cliffs at a height of about 30-40 meters, is made up of around 200 individuals. Other animals like the ctenosaour lizard *(Ctneosaura similis)* are numerous. On the island's eastern tip is a white sand beach where a large number of sea snails and clams can be seen. The surrounding water is transparent blue and teems with a great variety of marine life.

*rubra)*, crown fig *(Ficus ovalis)* and alfaje *(Trinchilia hirta)*. The latter two species together with the wood vine *Arrabidea corallina* are common nesting sites for island birds. Bolaños is especially important to the conservation of

# Parque Nacional Santa Rosa

21.913 Ha. (Sección Santa Rosa: 10.313; Sección Murciélago: 11.600).

Es el área de mayor importancia histórica del país; la casona y los corrales coloniales de piedra fueron escenario de la mayor gesta heroica de la historia nacional: la Batalla de Santa Rosa, el 20 de marzo de 1856. El parque es de fundamental importancia para la protección de los hábitats de la región climática denominada Pacífico Seco. Existen en Santa Rosa unos 10 hábitats, incluyendo bosques deciduos, sabanas ar-

boladas, bosques de encino *(Quercus oleoides)*, bosques siempreverdes, manglares, pantanos de mezquite-nacascol *(Prosopis juliflora-Caesalpinia coriaria)*, bosques ribereños, bosques xerofíticos y vegetación de playa. El número total de especies de plantas descubiertas hasta ahora en el parque, con exclusión de pastos y criptógamas no vasculares, es de 750. La fauna es rica y diversa; se han observado 115 especies de mamíferos, 253 de aves, 100 de reptiles y una extraordinaria cantidad de insectos, incluyendo más de 3.000 especies de mariposas y mariposas nocturnas. Los murciélagos

constituyen los mamíferos más numerosos del parque en lo que respecta a número de especies y de individuos. Las playas Nancite y Naranjo son de gran belleza escénica y constituyen importantes áreas de anidación para tortugas marinas lora *(Lepidochelys olivacea)*, baula *(Dermochelys coriacea)* y verde del Pacífico *(Chelonia mydas)*; en Nancite se producen las más grandes arribadas de tortugas lora de la América Tropical. Gracias a su diversidad y riqueza biológicas, Santa Rosa se ha convertido en un importante centro internacional de investigación sobre la ecología del bosque tropical seco.

# Santa Rosa National Park

21,913 Ha. (Santa Rosa Sector 10,313; Murciélago Sector 11,600).

Located in northwest Costa Rica, this is one of the country's most historically significant parks. The ranch house «La Casona» and the colonial stone corrals were the site of one of the most famous battles, the Battle of Santa Rosa, fought on March 20, 1856. Because of Santa Rosa's great biological wealth, it has become an international center for studying the ecology of the tropical dry forest. Other habitat types found in the park include deciduous forest, savannah woodland, oak forest *(Quercus oleoides)*, evergreen forest, mangrove swamp, mesquite-nacascol swamp *(Prosopis juliflora, Caesalpinia coriaria)*, riparian forest, xeromorphic forest and littoral woodland. To date 750 plant species have been identified, not including grasses, mosses or liverworts. The fauna is abundant and varied with

115 species of mammals (bats being abundant), 253 birds, 100 reptiles and an extraordinary number of insects, including over 3.000 species of butterflies and moths. The magnificent Nancite and Naranjo beaches are important nesting sites for the olive ridley *(Lepidochelys olivacea)*, leatherback *(Dermochelys coriacea)* and Pacific green sea turtle *(Chelonia mydas)*. The largest arribadas of olive ridley sea turtles in all of tropical America take place at Nancite. The Park also protects one of the last few remnants of dry Pacific forest.

# Reserva Biológica Lomas Barbudal

2.279 Ha.

Lomas Barbudal es un área muy rica en especies de insectos, particularmente de abejas, avispas —tanto sociales como solitarias—, mariposas y mariposas nocturnas. Se estima que existen unas 240 especies de abejas —principalmente de las familias Halictidae, Anthophoridae y Megachilidae— y unas 60 de mariposas nocturnas. Los vertebrados son también abundantes; se han observado más de 100 especies de aves, incluyendo el zopilote cabecirrojo *(Cathartes aura)*, el pavón grande *(Crax rubra)*, la lapa colorada *(Ara macao)* y el tucán pico iris *(Ramphastos sulfuratus)*. Entre los mamíferos presentes, los que más frecuentemente puede observar un visitante son los monos congo *(Alouatta palliata)* y carablanca *(Cebus capucinus)*, los mapachines *(Procyon lotor)*, las chizas *(Sciurus variegatoides)* y los pizotes *(Nasua narica)*, y ocasionalmente, los venados *(Odocoileus virginianus)*. El bosque de la reserva es mayormente semideciduo, aunque se encuentran áreas con bosque siempreverde, bosque deciduo, bosque ribereño —con predominio

de especies siempreverdes—, y sabana arbolada —en la que las especies de árboles más comunes son el nance *(Byrsonima crassifolia)* y el chumico de palo *(Curatella americana)*—. Tres especies de árboles que abundan en Barbudal pero que estan amenazadas de extinción en el resto del país son la caoba *(Swietenia macrophylla)*, el cristóbal *(Platymiscium pleiostachyum)* y el ron-ron *(Astronium graveolens)*. La reserva contiene ríos con pozas excelentes para la natación, como el Cabuyo, y es en general de gran belleza escénica, particularmente en el mes de marzo, cuando los árboles de corteza amarilla *(Tabebuia ochracea)* se cubren totalmente de flores amarillas.

# Lomas Barbudal Biological Reserve

2,279 Ha.

Lomas Barbudal, located in Guanacaste Province, is a wildland rich in insect species such as butterflies, moths and especially bees and wasps. It has been estimated that about 240 species of bees alone, mainly from the Halictidae, Anthophoridae, and Megachilidae families, and 60 species of moths can be found in the reserve. Among the 100 bird species recorded are the turkey vulture *(Cathartes aura)*, the Central American curassow *(Crax rubra)*, the scarlet macaw *(Ara macao)*, and the keel-billed toucan *(Ramphastos sulfuratus)*. Frequently encountered mammals include the howler monkeys *(Alouatta palliata)*, the white-faced monkeys *(Cebus capucinus)*, racoons *(Procyon lotor)*, tree squirrels *(Sciurus variegatoides)*, coatimundi *(Nasua narica)*, and occasionally white-tailed deer *(Odocoileus virginianus)*. The reserve is mainly covered by semideciduous forest although there are also clumps of evergreen, deciduous, and riparian forest which has a predominance of evergreen species. Stretches of savannah woodlands containing wild cherry *(Byrsonima crassifolia)*, and the rought leaf tree *(Curatella americana)* may also be found. Mahogany *(Swietenia macrophylla)*, Panama redwood *(Platymiscium pleiostachyum)*, and gonzalo alves *(Astronium graveolens)* are three endangered tree species protected by Lomas Barbudal. The reserve's rivers boast excellent swimming holes, such as the Cabuyo, and the area is especially beautiful in the month of March when the yellow guayacan tree *(Tabebuia ochracea)* bursts into bloom.

# Parque Nacional Palo Verde y Refugio de Fauna Silvestre Dr. Rafael Lucas Rodríguez Caballero

Parque: 5.704 Ha.; Refugio: 7.354 Ha.

El parque y el refugio constituyen parte de la unidad biogeográfica que se conoce como «las bahuras del Tempisque», las que forman un mosaico de diversos hábitats inundables de llanura, delimitados por ríos y por una fila de cerros calcáreos. Algunos de estos hábitats son los manglares, los bosques ribereños, los matorrales espinosos, los bosques deciduos, los pantanos y lagunas salobres, los bosques sobre terrenos calcáreos, las sabanas arboladas y los bosques siempreverdes. Un arbusto muy conspicuo en el área por el color de su corteza y que le ha dado el nombre a la zona, es el palo verde *(Parkinsonia aculeata)*.

Durante la mayor parte del año, el área pantanosa alberga la mayor concentración del país y de Centro América de garzas, garzones, garcetas, zambullidores, ibises, patos, gallitos de agua y otras aves acuáticas y vadeadoras, muchas de las cuales son migradoras. En ambas áreas silvestres, las aves observadas tanto acuáticas como terrestres suman 279 especies. La isla Pájaros, de 2,3 Ha., localizada frente al refugio, es de extraordinaria importancia conservacionista por tener la colonia más grande del país del martinete coroninegro *(Nycticorax nycticorax)*, y por ser área de nidificación para el ibis morito *(Plegadis falcinellus)*, el pato aguja *(Anhinga anhinga)*, la garza rosada *(Ajaia ajaja)*, el garzón *(Mycteria americana)*, la garza real *(Casmerodius albus)* y la garcilla bueyera *(Bubulcus ibis)*. En los bosques de ambas áreas anida el galán sin ventura *(Jabiru mycteria)*, especie en peligro de extinción, y subsiste la única población de lapas coloradas *(Ara macao)* del Pacífico Norte. Toda la zona es de notable belleza; los cerros Catalina y Guayacán constituyen excelentes miradores para el paisaje.

# Palo Verde National Park and Dr. Rafael Lucas Rodríguez Caballero National Wildlife Refuge

Park: 5,704 Ha., Refuge: 7,354 Ha.

Palo Verde Park and the Refuge are part of the biogeographical region known as the Tempisque River Lowlands. Located on flooded plains, these units form a mosaic of diverse habitats marked off by rivers and limestone peaks—two of which (Catalina, Guayacán) offer spectacular overlooks of the region. The habitat types include evergreen forest, deciduous forest, riparian forest, thicket forest, limestone forest, savannah woodland, mangrove swamp, and saltwater marsh. A very

characteristic shrub in the area is the green «palo verde» or horsebean *(Parkinsonia aculeata)*, from which the park takes its name. For most of the year the marshlands offer shelter to the largest Central American concentrations of herons, storks, egrets, grebes, ibis, ducks, northern jacanas and other waterfowl and wading birds, many of which are migratory. More than 275 birds have been recorded for both wildland areas. Pájaro (bird) Island, located in the Tempisque River alongside the refuge, is a very important site for Costa Rica's largest colony of black-crowned night herons *(Nycticorax nycticorax)*. Other birds which nest on the island include the glossy ibis *(Plegadis falcinellus)*, the American anhinga *(Anhinga anhinga)*, roseate spoonbill *(Ajaia ajaja)*, the wood stork *(Mycteria americana)*, the great egret *(Casmerodius albus)*, and the cattle egret *(Bubulcus ibis)*. The jabiru stork *(Jabiru mycteria)*, an endangered species, nests in the forested areas of both the park and reserve. These forests are also home to the only population of scarlet macaws *(Ara macao)* in the northern Pacific.

# Parque Nacional Barra Honda

2.295 Ha.

El cerro Barra Honda, de unos 300 m. de altura, está constituido por calizas de tipo arrecifal, es de-

cir, por antiguos arrecifes de coral que emergieron debido a un solevantamiento provocado por fallas. Este cerro, de unos 60 millones de años de antigüedad, contiene un amplio sistema de cavernas calcáreas independientes unas de otras, de las cuales se han explorado 19 hasta ahora. La profundidad de las cavernas es muy variable; la más profunda, la Santa Ana, alcanza 240 m. Las más decoradas son la Terciopelo, la Trampa y la Santa Ana, donde se observa gran profusión de estalagmitas, estalactitas, columnas, perlas, flores y agujas de yeso, dientes de tiburón y otras formaciones. Además, la Terciopelo contiene una formación llamada El Organo, que da diversas tonalidades cuando se le golpea con suavidad, y la Trampa tiene las salas de mayor tamaño que se han encontrado. La Pozo Hediondo contiene abundancia de murciélagos, y en la Nicoa, considerada como un antiguo cenote, se encontraron restos humanos y adornos y utensilios precolombinos. La vegetación del parque es mayormente caducifolia, y la fauna más visible está constituida principalmente por aves, monos y algunos otros mamíferos de pequeño o mediano tamaño. En el borde S de la cima del cerro, que es plana, existe un excelente mirador, y al pie del mismo corre una quebrada estacional la cual, en el lugar denominado La Cascada, está constituida por unos bellísimos depósitos escalonados de toba calcárea. Otro sitio de interés es Los Mesones, donde se observa un pequeño bosque siempreverde de gran altura, y desde donde se toma el agua para varios pueblos vecinos.

# Barra Honda
# National Park

2,295 Ha.

The park, located close to the northern end of the Gulf of Nicoya, is a geologically uplifted area of ancient coral reefs. Barra Honda Peak rises up 300 meters and is composed of reef-type limestone. A system of caves is found on the peak, 19 of which have been explored to date. The cave depths vary considerably with the deepest, Santa Ana Cave, descending 240 meters below the ground. The most spectacular caves are Terciopelo («Fer de Lance»), Trampa («The Trap»), and Santa Ana, where a multitude of stalagmites, stalactites, columns, pearls, chalk flowers, needles, shark's teeth and other

formations can be seen. The Terciopelo Cave also contains a formation called «The Organ» which produces different melodic tones when gently tapped. Trampa Cave has the largest chambers of any that have been discovered so far. Other caves include Stink-Pot Hole that has a large number of bats and Nicoa, thought to be an ancient cenote, where human remains and precolombian artifacts have been found. The vegetation within the park is for the most part deciduous. Frequently seen animals include birds and monkeys. On the southern slope of the flat summit of Barra Honda Peak is an impressive overlook and at its base runs a seasonal stream where «La Cascada» waterfall flows over beautiful tiers of travertine dams. Another pretty site is the grove of tall evergreens known as «Los Mesones».

# Refugio Silvestre de Peñas Blancas

2.400 Ha.

Es un área muy quebrada, localizada en terrenos de origen volcánico. Su nombre deriva de la existencia de depósitos de diatomita, los que se observan principalmente a lo largo de los cauces de algunas de las quebradas. Una buena parte del refugio está constituido por bosques con diverso grado de alteración; en las partes más quebradas y en los cañones de los ríos, éstos se mantienen casi intactos. Hacia el S, en las partes bajas del área, el bosque típico es el tropical seco, razón por la cual es factible observar especies tales como el pochote *(Bombacopsis quinatum)*, el indio desnudo *(Bur-*

*sera simaruba),* el roble de sabana *(Tabebuia rosea),* el jobo *(Spondias mombin),* el laurel *(Cordia alliodora)* y el cedro amargo *(Cedrela odorata).* Hacia la sección media inferior los bosques son semicaducifolios y se caracterizan también por la presencia de especies típicas del Pacífico Seco, con algunas especies de zonas húmedas, como los arbustos *Piper curtispicum* y *Hansteinia ventricosa.* De la sección media superior hacia el N, el refugio está

constituido por una vegetación típica del bosque húmedo premontano. Los helechos son muy abundantes en toda el área, y en las partes más altas se encuentra el roble *(Quercus brenesii).* La fauna es escasa, aunque la avifauna sí es abundante. Algunos de los mamíferos presentes son el saíno *(Tayassu tajacu),* los monos congo *(Alouatta palliata)* y carablanca *(Cebus capucinus),* la martilla *(Potos flavus),* el cabro de monte *(Mazama americana),* el mapachín *(Procyon lotor)* y el tepescuintle *(Agouti paca).* El refugio ha sido creado con el propósito de proteger las cuencas hidrográficas de varios ríos, proteger los bosques y aumentar la fauna.

# Peñas Blancas National Wildlife Refuge

2,400 Ha.

Peñas Blancas Refuge, north of San Ramón, is located on rugged terrain of volcanic origin. It takes its name («White Cliffs») from the diatomite deposits in the gorges along some of the river beds. The refuge was created to conserve wildlife and forests as well as to protect the watersheds of several rivers. Much of the original forest has been altered to some degree but in the more rugged tracts of the river canyons forest cover remains almost intact. In the lower section of the refuge the typical vegetation is tropical dry forest of spiny cedar *(Bombacopsis quinatum)*, gumbo-limbo *(Bursera simaruba)*, mayflower *(Tabebuia rosea)*, wild plumb *(Spondias mombin)*, freijo *(Cordia alliodora)*, and Spanish cedar *(Cedrela odorata)*. Moving higher, toward the middle section of the refuge, the forests become semi-deciduous and are typically composed of Pacific dry zone species and some moist zone species such as the *Piper curtispicum* and *Hansteinia ventricosa* shrubs. The highest section and northernmost part of the refuge, is composed of typical premontane moist forest species. *Quercus brenesii* oak can be found in the upper reaches of the refuge and fern species are abundant throughout. The fauna has not yet been well studied although numerous bird species have been recorded. Some of the mammals found here include the collared peccary *(Tayassu tajacu)*, howler monkey *(Alouatta palliata)*, white-faced monkey *(Cebus capucinus)*, kinkajou *(Potos flavus)*, red brocket deer *(Mazama americana)*, racoon *(Procyon lotor)*, and the paca *(Agouti paca)*.

# Reservas Biológicas de las Islas Guayabo, Negritos y de los Pájaros

Isla Guayabo, 6,8 Ha.; Islas Negritos, 80 Ha.; Isla de los Pájaros 3,8 Ha.

Estas cuatro islas tienen en común su importancia como refugios para aves marinas, particularmente pelícanos pardos *(Pelecanus occidentalis)*, tijeretas de mar *(Fregata magnificens)* y piqueros morenos *(Sula leucogaster)*. Guayabo es una

imponente roca de unos 50 m. de altura que está escasamente cubierta por palmas de coyol *(Acrocomia vinifera)* y viscoyol *(Bactris minor)*, por algunos arbustos como el guaco *(Pisonia macanthrocarpa)* y por plantas pequeñas —algunas espinosas—. Esta isla contiene la más grande de las cuatro colonias de nidificación del pelícano pardo que se conocen en el país —la población es de hasta 60 parejas—, y es también un sitio para que inverne el halcón peregrino *(Falco peregrinus)*. Las Islas Negritos están cubiertas de un bosque semideciduo, cuyas especies dominantes más sobresalientes son la flor blanca *(Plumeria rubra)*, el pochote *(Bombacopsis quinatum)* y el indio desnudo *(Bursera simaruba)*. La especie dominante en la Isla de los Pájaros es el arbusto güísaro *(Psidium guineense)*. Las costas de las cuatro islas tienen profusa vida marina, particularmente ostiones *(Ostrea iridescens)*, percebes *(Chthamalus* sp.) cambutes *(Strombus galeatus)* y cangrejos ermitaños *(Coenobita compressus)*, violinistas *(Uca vocator)* y marineras *(Grapsus grapsus)*. Estas islas y el golfo en el cual están ubicadas presentan un clima seco muy agradable, tienen una gran belleza escénica y el principal don natural que ofrecen es, sin duda,... el sol.

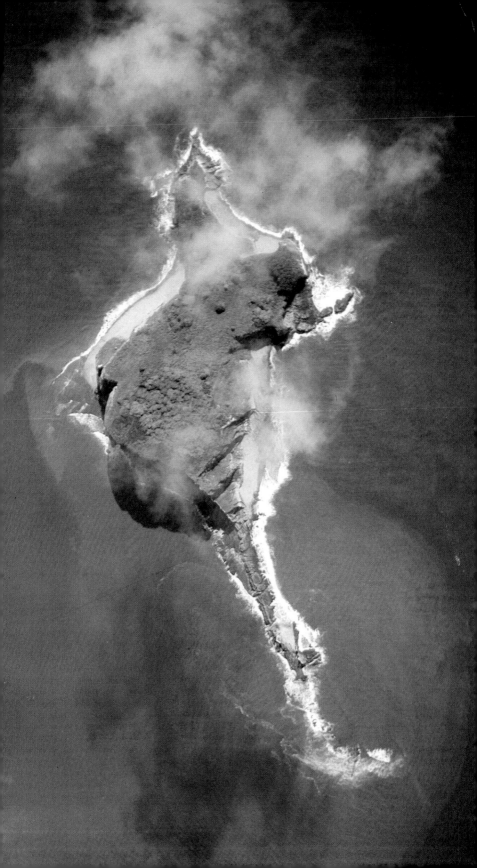

# Guayabo, Negritos and Pájaros Islands Biological Reserves

Guayabo Island: 6,8 Ha., Negritos Islands: 80 Ha., Pájaros Island: 3,8 Ha.

These four islands, located in the Gulf of Nicoya, share the importance of being vital refuges for seabirds, especially brown pelicans *(Pelecanus occidentalis)*, magnificent frigatebirds *(Fregata magnificens)*, and brown boobies *(Sula leucogaster)*. Guayabo Island is an imposing rocky mound that stands some 50 meters high and is scantily covered by coyol *(Acrocomia vinifera)*, viscoyol palms *(Bactris minor)*, a few shrubs like the guaco *(Pisonia macan-throcarpa)* as well as other small plants and thorn bushes. With a population of up to 60 pairs, this island shelters the largest of the four known Costa Rican nesting colonies of brown pelicans and is also a wintering site for the peregrine falcon *(Falco peregrinus)*. The Negritos Islands are covered with semi-deciduous forest in which the predominant species are the frangipani *(Plumeria rubra)*, spiny cedar *(Bombacopsis quinatum)* and gumbo-limbo *(Bursera simaruba)*. On Pájaros Island, the predominant plant species is the wild guava *(Psidium guineense)*. Coastal waters around the four islands abound with marine life, especially oysters *(Ostrea iridescens)*, barnacles *(Chthamalus* sp.), giant conchs *(Strombus galeatus)*, hermit crabs *(Coenobita compressus)*, fiddler crabs *(Uca vocator)* and Sally Lightfoot crabs *(Grapsus grapsus)*. These three island reserves and the entire Nicoya gulf have a very mild dry climate, year-round sun, and magnificent scenic beauty.

# Refugio Nacional de Fauna Silvestre Ostional

160 Ha. (porción terrestre); 587 Ha. (porción marina).

La extensa playa Ostional, conjuntamente con la playa Nancite, en el Parque Nacional Santa Rosa, constituyen las dos más importantes áreas del mundo para el desove de la tortuga marina lora *(Lepidochelys olivacea)*. Estos quelonios llegan a la parte central de la playa Ostional en forma de grandes arribadas, de 3 a 10 días de duración, que se producen mayormente de julio a noviembre de cada año, principalmente durante las noches. Cuatro o cinco arribadas grandes pueden ocurrir por año, aunque en algunos casos se han observado hasta 11. Otras especies de tortugas marinas que también anidan aquí oca-

sionalmente son la baula *(Dermochelys coriacea)*, la más grande de todas, y la verde del Pacífico *(Chelonia mydas)*. En la desembocadura del río Nosara, al SE del refugio, existe un manglar de considerable tamaño; en este área y en sus alrededores se han identificado 102 especies de aves. El área cercana a Punta India, en el extremo NO, es rocosa, de gran belleza escénica, y presenta infinidad de charcas de marea donde se pueden fácilmente observar algas, erizos, estrellas de mar, anémonas y diversidad de peces muy pequeños y de gran colorido. Los cangrejos, sobre todo los conocidos como marineras *(Grapsus grapsus)*, fantasmas *(Ocypode sp.)* y ermitaños *(Coenobita sp.)* son muy comunes en toda el área. La escasa vegetación del refugio está constituida por especies caducifolias, particularmente por el árbol flor blanca *(Plumeria rubra)*. Los cactos y otras plantas suculentas forman en algunos puntos de la playa masas compactas que constituyen excelentes refugios para los garrobos *(Ctenosaura similis)*.

# Ostional National Wildlife Refuge

160 Ha. (land sector), 587 Ha. (ocean sector).

On the Pacific coast in Guanacaste Province, Ostional Beach and Nancite Beach in Santa Rosa National Park, constitute the world's two most important nesting

sites for the olive ridley turtle *(Lepidochelys olivacea)*. These turtles arrive at Ostional beach in huge arribadas that last 3-10 days and usually take place at night during the months July through November. Although there are usually only 4 or 5 arribadas per year, some years have recorded as many as 11. Other sea turtles that occasionally nest here are the leatherback *(Dermochelys coriacea)*, the largest in the world, and the Pacific green *(Chelonia mydas)*. Southeast of the refuge, at the mouth of the Nosara River, is a large mangrove swamp where 102 bird species have been identified. On the northwestern tip of the refuge in the area known as India Point, is a scenic rocky stretch cointaining many tidal pools with a variety of plant and animal life such as seaweeds, sea urchins, starfish, sea anemones and many small colorful fish. Crabs, especially those known as Sally Lightfoot *(Grapsus grapsus)*, ghost crabs *(Ocypode* sp.) and hermit crabs *(Coenobita* sp.) are very abundant throughout the refuge. The scanty vegetation of the area is composed of deciduous species, especially the frangipani *(Plumeria rubra)*. Cacti and other succulent plants form compact masses at different points along the beach providing excellent habitat for the ctenosaur lizards *(Ctenosaura similis)*.

# Reserva Biológica Carara

4.700 Ha.

Por tratarse de una zona de transición entre la región más seca al N y otra más húmeda al S, Carara presenta una alta diversidad florística con predominio de especies siempreverdes. Cruzada por diversos arroyos en su mayoría permanentes, la reserva se destaca en plena estación seca como un oasis de verdor y

de frescor. Carara presenta diversos hábitats tales como vegetación pionera, bosques primarios, secundarios y de galería; ciénagas y una laguna que ocupa el lugar de un meandro abandonado y que se encuentra casi toda cubierta de lirio de agua *(Eichhornia crassipes)* y de otras plantas acuáticas flotantes. Estos dos últimos hábitats protegen diversas especies de anfibios y reptiles —como los cocodrilos *(Crocodylus acutus)*— y de aves acuáticas —como las garzas rosadas *(Ajaia ajaja)* y los patos aguja *(Anhinga anhinga)*—. Los cocodrilos son también abundantes y fáciles de observar en el río Grande de Tárcoles. Un ave muy conspicua en la reserva por la belleza de su plumaje —de colores azul, rojo y amarillo—, y que ha desaparecido del Pacífico Seco, es la lapa colorada *(Ara macao)*. Algunos de los árboles más grandes y que causan admiración por sus dimensiones son el ceibo *(Ceiba pentandra)*, el espavel *(Anacardium excelsum)*, el higuerón *(Ficus* spp.), el guayabón *(Terminalia lucida)*, el guácimo colorado *(Luehea seemannii)* y el jabillo *(Hura crepitans)*. La palma viscoyol *(Bactris minor)*, muy espinosa, se encuentra formando rodales casi puros. El elemento arqueológico en este área está presente particularmente en Lomas Carara, donde se ha excavado un cementerio indígena.

# Carara Biological Reserve

4,700 Ha.

Carara, close to the southeastern edge of the Gulf of Nicoya, offers an incredible variety of plant life (especially evergreen species) due to its situation as a transition zone between a drier region to the north and a more humid region to the south. Criss-crossed by several streams, most of which never dry up, the reserve stands out in the dry season like fresh, green oasis. Carara is composed of several habitat types such as marshes, primary and secondary gallery forests, and a lake formed from an abandoned meander which is almost entirely covered with water hyacinth *(Eichhornia crassipes)* and other floating plants. The marshes and lake are home to several species of amphibians and reptiles like the crocodile *(Crocodylus acutus)*, and waterfowl such as the roseate spoonbill *(Ajaia ajaja)* and the American anhinga *(Anhinga anhinga)*. Crocodiles are also numerous and easy to see in the Grande de Tárcoles river. The very conspicious scarlet macaw *(Ara macao)*, with its beautiful plumage of blue, red and yellow can also be seen in the reserve. Visitors are often amazed by the size of trees such as the silk-cotton *(Ceiba pentandra)*, the espave *(Anacardium excelsum)*, the wild fig *(Ficus* spp.*)*, the guayabo de monte *(Terminalia lucida)*, the mapola *(Luehea seemannii)*, and the hura *(Hura crepitans)*. The very thorny viscoyol palm *(Bactris minor)* can be found in the predominantly unmixed groves. Archeological remains are present on Lomas Carara where an Indian cemetery is located.

# Refugio Nacional de Vida Silvestre Curú

84 Ha.

Pese a su pequeño tamaño, el Refugio Curú, localizado en la bella región del golfo de Nicoya, contiene una gran variedad de flora y fauna, tanto terrestre como marina. Los hábitats existentes son el bosque semicaducifolio, el bosque caducifolio, el manglar —que incluye 5 especies de mangle— y la vegetación de playa. Algunos de los árboles más grandes de estos bosques son el ceibo *(Ceiba pentandra)*, el cristóbal *(Platymiscium pleiostachyum)*, el pochote *(Bombacopsis quinatum)*, el guapinol *(Hymenaea courbaril)* y el ron-ron *(Astronium graveolens)*. Una especie muy común y de mucho interés biológico es el cornizuelo *(Acacia collinsi)*, arbusto que presenta un fenómeno de simbiosis con hormigas que viven en sus espinas huecas. La avifauna es abundante; se han observado 115 especies de aves, tanto terrestres como marinas. Entre los mamíferos, los monos —particularmente los carablanca *(Cebus capucinus)*— son muy comunes y fáciles de observar. La fauna marina es diversa; son abundantes los ostiones *(Ostrea iridescens)* —especie que casi ha desaparecido—, los cambutes *(Strombus galeatus)*, las langostas *(Panulirus* sp.),

los quitones *(Chiton stokesii)* y varias especies de cangrejos. Las tres playas del refugio —la Curú, la Quesera y la Poza Colorada— son de gran belleza escénica y muy adecuadas para la natación —particularmente la primera—, a causa de su escaso oleaje y poca pendiente; las dos últimas son de arena muy fina y de color blanco debido a la acción del mar sobre los fragmentos de los corales que se encuentran en las aguas cercanas.

# Curú National Wildlife Refuge

84 Ha.

Despite its small size, the Curú Refuge, located on the southeast tip of Puntarenas Province, offers sanctuary to a surprisingly wide variety of both terrestrial and marine plant and animal life.

Habitats found there include semi-deciduous forest, deciduous forest, mangrove swamp (with 5 species of mangrove plants), and rocky and sandy seashores. Some of the largest forest trees are the silk cotton tree *(Ceiba pentandra)*, Panama redwood *(Platymiscium pleiostachyum)*, spiny cedar *(Bombacopsis quinatum)*, locust *(Hymenaea courbaril)*, and gonzalo alves *(Astronium graveolens)*. One common tree with an interesting natural history is the swollen-thorn acacia *(Acacia collinsi)*, whose relationship with a species of ant is an excellent example of symbiosis. The ant receives food and a place to live inside the plant's hollow thorns in exchange for providing protection from herbivores and other plants which might shade the acacia, thereby robbing it of the sun it needs for continued growth. Curú's land animals include 115 species of birds (including seabirds)

and the frequently seen white-faced monkeys *(Cebus capucinus)*. Among the abundant marine species are several crabs, chitons *(Chiton stokesii)*, lobsters *(Panulirus* sp.), giant conchs *(Strombus galeatus)*, and oysters *(Ostrea iridescens)*—a species which is in danger of extinction. The refuge boasts three scenic beaches, Curú, Quesera, and Poza Colorada, which are lovely for swimming. The best one is Curú beach, sloping smoothly into the water with a gentle surf. Quesera and Poza Colorada are made up of fine white sand formed from the wave action on coral fragments.

# Reserva Natural Absoluta Cabo Blanco

1.172 Ha.

Cabo Blanco es un refugio de mucha importancia para la protección de aves marinas, particularmente pelícanos pardos *(Pelecanus occidentalis)*, tijeretas de mar *(Fregata magnificens)* y piqueros morenos *(Sula leucogaster)*. La colonia de esta especie que existe aquí, contiene más de 500 parejas y es la más grande del país. Un punto de referencia muy visible y refugio inexpugnable para una gran población de aves, es la Isla Cabo Blanco, un peñón rocoso de paredes verticales, localizado a 1,6 km. de la costa, y que debe su nombre al color blanquecino que presenta debido al guano depositado. Los bosques son predominantemente siempreverdes, aunque con algunas especies deciduas, como el pochote *(Bombacopsis quinatum)*, el árbol más abundante. Se han identificado hasta

ahora 119 especies de árboles en la reserva. La fauna marina es variada; es muy alta la población de peces, cangrejos, quitones *(Chiton stokesii)*, burgados *(Nerita* sp.), langostas *(Panulirus* sp.), camarones *(Penaeus* sp.), cambutes *(Strombus galeatus)*, almejas *(Chione californiensis)* y de muchas otras especies de la zona entre mareas y de aguas vecinas. La fauna terrestre es bastante variada a pesar del pequeño ta-maño del área; son abundantes los monos carablanca *(Cebus capucinus)*, las ardillas *(Sciurus variegatoides)* y los mapachines *(Procyon lotor)*. Las formaciones que ha expuesto el mar son muy atractivas y geológicamente interesantes. La belleza escénica del área es extraordinaria; el mar es de un azul profundo, y las playas, que en su mayor parte están cubiertas de rocas, se hallan bordeadas por bosque denso.

# Cabo Blanco Strict Nature Reserve

1,172 Ha.

Cabo Blanco («White Cape»), located on the tip of Puntarenas Province, is an important refuge for seabirds, especially the brown pelican *(Pelecanus occidentalis)*, the magnificent frigatebird *(Fregata magnificens)* and the brown booby *(Sula leucogaster)*. More than 500 pairs of boobies are found here, the largest colony in the country. Cabo Blanco Island, located 1.6 km. off the coast is another important roosting area for seabirds. This rocky island, colored white from the large deposits of bird guano, has many steep vertical cliffs which several species use for nesting sites. The coastal forest is predominantly evergreen with a few deciduous species such as the spiny cedar *(Bombacopsis quinatum)*. To date, 119 tree species have been recorded for the reserve. There is an abundant variety of intertidal and offshore marine life with large populations of fish, crabs, chitons *(Chiton stokesii)*, nerites *(Nerita sp.)*, lobsters *(Panulirus sp.)*, shrimps *(Penaeus sp.)*, giant conchs *(Strombus galeatus)*, and clams *(Chione californiensis)*. The land fauna is also quite varied despite the small area of the reserve. Commonly seen mammals include white-faced monkeys *(Cebus capucinus)*, squirrels *(Sciurus variegatoides)* and racoons *(Procyon lotor)*. The scenic beauty of the area is extraordinary with interesting rock formations carved out by the sea and the deep blue water fringed with dense green forest growing right down to the edges of the rock-strewn beaches.

# Parque Nacional Manuel Antonio

682 Ha.

Es uno de los parques de mayor belleza escénica de todo el sistema. Su atractivo principal lo constitu-yen las playas Espadilla Sur y Manuel Antonio, de arena blancuzca, escaso oleaje, pendiente suave y aguas transparentes, y que presentan un bosque alto siempreverde que crece hasta cerca de la línea de pleamar. Los principales hábitats son el bosque primario, el bosque secundario, el manglar, las lagunas y la vegetación de playa. Hasta aho-

ra se han descubierto en el parque 346 especies de criptógamas vasculares y angiospermas. La fauna es variada; se han identificado 109 especies de mamíferos y 184 de aves. Un mamífero de gran interés por su reducido rango de distribución, y que está amenazado de extinción, es el bello y gracioso mono ardilla *(Saimiri oerstedii)*. Desde la playa es factible observar perezosos de dos dedos *(Bradypus griseus)*, mapachines *(Procyon lotor)*, pizotes *(Nasua narica)*, monos congo *(Alouatta palliata)* y monos carablanca *(Cebus capucinus)*. La flora y fauna marinas son variadas; en las seis comunidades principales se han identificado 10 especies de esponjas, 19 de corales, 24 de crustáceos, 17 de algas

y 78 de peces. Cuatro rasgos interesantes de observar son el tómbolo de Punta Catedral, el hoyo soplador de Puerto Escondido, las cuevas marinas de Punta Serrucho y la trampa submarina para tortugas de origen precolombino, localizada al extremo oeste de playa Manuel Antonio. El parque incluye 12 islas que quedan a corta distancia de la costa; la mayoría de éstas casi no tienen vegetación, son excelentes refugios para las aves marinas y constituyen en particular una importante área de nidificación para el piquero moreno *(Sula leucogaster).*

# Manuel Antonio National Park

682 Ha.

Located on the Pacific Ocean near Quepos, Manuel Antonio is one of the most beautiful parks in the entire system. The main attraction is the white sandy beaches of Espadilla Sur and Manuel Antonio which slope gently into crystal clear water. The beaches are fringed with tall evergreen forest

that grows down to the high tide line. The main habitat types in the park are primary and secondary forest, mangrove swamp, marsh, and littoral woodland. To date, 346 species of plants, 109 mammals and 184 birds have been recorded. The charming endangered squirrel monkey *(Saimiri oerstedii)*, with a very limited distribution in Costa Rica, is one of the most interesting mammals. From the beach, the visitor can watch two-toed sloths *(Bradypus griseus)*, racoons *(Procyon lotor)*, coatimundis *(Nasua narica)*, howler monkeys *(Alouatta palliata)* and white-faced monkeys *(Cebus capucinus)*. The rich marine plant and animal life includes 10 species of sponges, 19 corals, 24 crustaceans, 17 seaweeds, and 78 fish. Four interesting land features to visit in the park are the tombolo on Cathedral Point, the blow hole at Escondido Harbor, the sea caves on Serrucho Point, and the preColumbian underwater turtle trap on the western tip of Manuel Antonio Beach. Twelve islands lie off the coast of the park, most without plant cover, providing excellent refuges for seabirds and important nesting sites for the brown booby *(Sula leucogaster)*.

# Reserva Biológica Isla del Caño

300 Ha. (porción terrestre);
5.800 Ha. (porción marina).

La isla tiene una gran significa-
ción arqueológica por cuanto fue
usada como cementerio precolombino. Todavía es posible observar
aquí algunas esferas de piedra de
una redondez casi perfecta, hechas
por los indígenas. Geológicamente
es producto del movimiento de pla-
cas tectónicas, en este caso de la sub-
ducción o hundimiento de la placa
de Cocos debajo de la placa del Caribe, a lo largo de la fosa Mesoame-

ricana; la edad de este relieve relicto es de unos 40-50 millones de años. La isla presenta una amplia altiplanicie que está cubierta por un bosque siempreverde de gran altura, constituido principalmente por enormes árboles de vaco *(Brosimum utile)*, también llamado árbol de la leche a causa del látex blanco que exuda y que puede beberse. El hecho de que la parte central de la isla contenga un bosque casi puro de vacos, parece indicar que su actual flora es lo que queda de un huerto plantado por los indígenas con esta especie. La fauna es escasa; únicamente se ven algunas aves, insectos y reptiles. El mar que rodea la isla es de gran transparencia; la costa es rocosa y presenta algunas playas pequeñas. La ictiofauna es muy rica, al igual que las poblaciones de moluscos, crustáceos y otros invertebrados. Se encuentran aquí especies amenazadas como las langostas *(Panulirus* sp.) y los cambutes *(Strombus galeatus)*. En las charcas de ma-

rea se observa una gran diversidad de especies de peces y sobre las rocas abundan los moluscos. Alrededor de la isla se encuentran cinco plataformas o bajos arrecifales en los que se han observado 15 especies de corales escleractinios, siendo el más abundante el *Porites lobata.*

# Caño Island Biological Reserve

300 Ha. (land sector); 5,800 Ha. (ocean sector).

Caño Island, located just off the Osa Peninsula, is the site of a preColumbian cemetery and is of great archeological importance. Many artifacts can still be found such as the perfectly round stone spheres made by former native indian peoples. Geologically, the island was formed as a result of plate tectonic activity, in this case the sliding of the Cocos Plate underneath the Caribbean Plate in the Middle American Trench. The island is a relic mountain approximately 40-50 million years old. It is actually a wide plateau covered by tall evergreen forest. The dominant tree species is the enormous cow tree *(Brosimum utile)*, also known as the milk tree due to the white, drinkable latex it exudes. A large clump of these trees can be found in the central part of the island and it is thought that this may have been an orchard planted by an indigenous people. The animal life is scarce and only a few birds, insects, and reptiles can be seen. The coast of the island is rocky with a few small beaches surrounded by crystal clear, turquoise water. A great variety of fish, as well as populations of mollusks, crustaceans, and other invertebrates are abundant in the coastal waters and in the tide pools. Five coral platforms are found offshore, in which 15 species of stony coral have been identified, the most common being *Porites lobata*.

# Refugio Nacional de Fauna Silvestre Golfito

1.309 Ha.

Es un área de topografía irregular y de alta pluviosidad. El bosque es siempreverde, denso y de gran altura; el estrato emergente está constituido por enormes árboles de guavo *(Pithecolobium macradenium)*, ceibo *(Ceiba pentandra)*, canfín *(Te-*

nero *Caryodaphnopsis,* de la familia Lauraceae; este género es asiático y sólo ha sido encontrado una vez en la Amazonía Peruana. En el sotobosque son muy abundantes las palmas, la *Zamia pseudoparasitica* —planta primitiva semejante a una palmera pequeña—, y las heliconias o platanillos *(Heliconia* spp.), de bellas flores amarillas, rojas o anaranjadas. Con base en las investigaciones preliminares llevadas a cabo hasta ahora en el refugio, se han logrado identificar 93 especies de árboles y arbustos. Algunos de los mamíferos aquí presentes son el saíno *(Tayassu tajacu),* el tepescuintle *(Agouti paca),* la guatusa *(Dasyprocta punctata),* el mapachín *(Procyon lotor)* y el pizote *(Nasua narica).* El refugio tiene una particular importancia para la conservación de las aguas que surten a la cercana ciudad de Golfito, y es en contraposición muy poco conocido biológicamente.

*tragastris panamensis),* ajo *(Caryocar costaricensis),* nazareno *(Peltogyne purpurea)* —que produce una madera pesada de bellísimo color púrpura ideal para muebles y artesanía—, manú *(Minquartia guianensis),* pilón *(Hieronyma alchorneoides)* y vaco *(Brosimum utile)* —que produce un látex blanco que se puede beber a manera de leche—. Una rareza botánica que se encuentra en este refugio es un árbol del gé-

# Golfito National Wildlife Refuge

1,309 Ha.

The Golfito Refuge is located on the Osa Peninsula, an area of rugged terrain and high rainfall. Preliminary investigation in the refuge has recorded 93 tree and shrub species. The tall, dense evergreen forest has an emergent layer consisting of huge specimens of yellow saman *(Pithecolobium macradenium)*, the silk cotton tree *(Ceiba pentandra)*, copal *(Tetragastris panamensis)*, manwood *(Minquartia guianensis)*, the bully tree *(Hieronyma alchorneoides)*, and the butternut tree *(Caryocar costaricensis)*. In addition, there is the valuable purple heart *(Peltogyne purpurea)* which produces a beautiful purple hard wood used for furniture and crafts and the unusual cow tree *(Brosimum utile)* which exudes a white latex that can be drunk like milk. A botanical rarity found in the refuge is a species from the genus *Caryodaphnopsis* (Lauraceae family), an Asiatic genus that has been found only once before in the Peruvian Amazon. Many palm species grow abundantly in the understory, such as *Zamia pseudoparasitica*, a primitive tree that looks like a dwarf palm, as well as heliconias *(Heliconia spp.)* with their exquisite orange, yellow, and red flowers. Mammals that have been seen in the refuge include the collared peccary *(Tayassu tajacu)*, paca *(Agouti paca)*, racoon *(Procyon lotor)*, and coatimundi *(Nasua narica)*. The forest refuge is essential for the conservation of the water supply for the city of Golfito.

# Parque Nacional Corcovado

41.788 Ha.

Es una de las áreas más lluviosas del país —hasta 5.500 mm. en los cerros más elevados—. Los principales hábitats del parque son el bosque de montaña, el bosque nuboso, el bosque de llanura, el bosque pantanoso, el yolillal —con predominio de la palma *Raphia taedigera*—, el pantano herbáceo de agua dulce, el manglar y la vegetación de playa y de acantilados. Existen unas 500 especies de árboles en todo el parque; algunos de los más grandes —verdaderos gigantes del bosque que alcanzan de 40 a 50 m. de altura—, son el nazareno *(Peltogyne purpurea)*, el poponjoche *(Huberodendron allenii)*, el ajo *(Caryocar costaricense)*, el espavel *(Anacardium excelsum)* y el cedro macho *(Carapa guianensis)*. En la parte llana se encuentra lo que parece ser el árbol más alto del país: un ceibo *(Ceiba pentandra)* de enormes gambas y de más de 70 m. de altura. La fauna es extraordinariamente diversa y abundante; se han identificado hasta ahora 367 especies de aves, 140 de mamíferos, 117 de anfibios y reptiles, 40 de peces de agua dulce y se estima que existen unas 6.000 de insectos. El parque protege la población más grande de lapas coloradas *(Ara macao)* del país. Algunas de las especies amenazadas que se encuentran aquí son el jaguar *(Felis onca)*, el cocodrilo *(Crocodylus acutus)*, la danta *(Tapirus bairdii)* y —posiblemente— el águila harpía *(Harpia harpyja)*. El área denominada Laguna de Corcovado es un pantano herbáceo de unas 1.000 Ha. que constituye un enorme refugio para la fauna. En la extensa playa del parque desovan tortugas marinas. Dada su gran diversidad biológica, Corcovado es ahora un importante centro internacional de investigaciones sobre el bosque tropical húmedo.

# Corcovado National Park

41,788 Ha.

Located on the Osa Peninsula, Corcovado is in one of the rainiest regions of the country with records of up to 5.500 mm. of rain on the highest peaks. Due to its enormous biological diversity, Corcovado has become an important international research center for the study of tropical rain forest ecology. The main habitat types in the park are montane forest, cloud forest, alluvial plains forest, swamp forest, holillo forest (with predominant growth of *Raphia taedigera*), freshwater herbaceous swamp, mangrove swamp and rock and sandy seashores. Approximately 500 species of trees have been recorded in the park and some of the giant specimens reach heights of 40-50 meters. These include the purple heart *(Peltogyne purpurea)*, poponjoche *(Huberodendron allenii)*, butternut tree *(Caryocar costaricense)*, espave *(Anacardium excelsum)*, and crabwood *(Carapa guianensis)*. In the lowlands stands what is probably the tallest tree in the country, a silk-cotton tree *(Ceiba pentandra)* with enormous buttresses and towering over 70 meters high. The fauna is incredibly rich and to date 367 species of birds, 140 mammals, 117 amphibians and reptiles, 40 freshwater fish and approximately 6.000 insects have been recorded in the park. Corcovado protects the country's largest population of scarlet macaws *(Ara macao)* as well as other endangered species such as the jaguar *(Felis onca)*, crocodiles *(Crocodylus acutus)*, tapir *(Tapirus bairdii)* and possibly the harpy eagle *(Harpia harpyja)*. The lake, a herbaceous swamp tha covers around 1,000 Ha., serves as an enormous wildlife refuge and as a nesting site for sea turtles.

# Parque Nacional Isla del Coco

2.400 Ha. (porción terrestre); 18.575 Ha. (porción marina).

La isla es famosa por los tres tesoros —entre ellos el de Lima— que fueron escondidos aquí por William Davies, Benito «Espada Sangrienta» Bonito y William Thompson, entre 1684 y 1821. Se considera que la isla ha sido escondite para más tesoros piratas que cualquier otro lugar en el mundo. Hasta ahora, más de 500 expediciones los han buscado, ha-

biéndose encontrado únicamente unos pocos doblones. Aparte de los tesoros, es la naturaleza de la isla lo que ha atraído a los muchos científicos y naturalistas que la han visitado; por su gran distancia del continente, el área es considerada como un laboratorio natural para el estudio de la evolución de las especies. Hasta ahora se han identificado 235 especies de plantas —unas 70 endémicas—, 85 de aves —3 endémicas—, 2 de lagartijas —ambas endémicas—, 3 de arañas, 57 de crustáceos, más de 200 de peces, 118 de moluscos marinos, 351 de insectos —65 endémicos— y 18 de corales. La isla que es de origen volcánico, es extremadamente lluviosa —unos 7.000 mm. por año—, y está toda cubierta de un bosque siempreverde, el cual presenta condición nubosa en el cerro más alto, el Iglesias, de 634 m. La topografía es muy quebrada, lo que da lugar a la formación de muchas cascadas, algunas de las cuales caen espectacularmente al mar desde gran altura. La costa es muy sinuosa, tiene acantilados de hasta 183 m. de altura e infinidad de cuevas submarinas. El mar, de color azul turquesa y de extraordinaria transparencia, contiene arrecifes de coral y una fauna marina excepcionalmente rica; abundan los tiburones martillo *(Sphyrna* sp.), los tiburones de aleta blanca *(Triaenodon obesus)* y los peces loro *(Scarus ghobban* y *S. rubroviolaceus)*.

# Cocos Island National Park

2,400 Ha. (land sector); 18,575 Ha. (ocean sector).

Cocos Island, located about 500 km. off the western coast of Costa Rica, is famous for three buried treasures (including the Lima Booty) hidden there between 1684-1821 by the pirates William Davies, Benito «Bloody Sword» Bonito and William Thompson. It is believed that more pirate treasures have been buried on this island than anywhere else in the entire world. Treasure hunters have conducted over 500 expeditions here but met with little success; only a few doubloons have been found to date. Aside from the buried treasure, the unique flora and fauna of the island has attracted many international scientists and naturalists. Due to the great distance that separates the island from the mainland, it is considered to be a natural laboratory for the study of plant and animal evolution. So far, scientists have identified 235 species of plants (70 endemic), 85 birds (3 endemic), 2 endemic lizards, 3 spiders, 351 insects (65 endemic), 57 crustaceans, 118 sea mollusks, 18 corals, and over 200 fish. The transparent turquoise-colored sea is filled with coral reefs and other marine life such as hammerhead sharks *(Sphyrna* sp.), white-tipped sharks *(Triaenodon obesus),* and parrot fish *(Scarus ghobban* and *S. rubroviolaceus).* The island is of volcanic origin and receives about 7.000 mm. of rain per year. It is entirely covered by evergreen forest which becomes cloud forest on the highest point of the island, Iglesias Peak at 634 meters. The terrain is very steep and has helped to create several waterfalls, some of which plunge into the sea from spectacular heights. The rugged coastline is surrounded by rocky crags of up to 183 meters and by a large number of underwater caves.

# Parque Nacional Rincón de la Vieja

14.083 Ha.

El Rincón de la Vieja, de 1.916 m. de altitud, es una estructura compuesta, formada por vulcanismo simultáneo de cierto número de focos eruptivos que crecieron convirtién-

dose en una sola montaña. En la cima se han identificado nueve puntos eruptivos, dos de ellos activos y los restantes en proceso de degradación; existe también una laguna de 3 Ha. de agua pura y de gran belleza. El último período eruptivo fuerte, con lanzamiento de grandes nubes de ceniza y producción de sismos y ruidos subterráneos, ocurrió entre 1966 y 1970. Al pie del volcán, del lado S, se encuentra el área llamada Las Hornillas, constituida por fuentes termales, fumarolas, solfataras, cavidades de fango hirviente, conos de barro y otras interesantes formaciones. El Rincón de la Vieja presenta diversos hábitats debido a las diferencias en altitud y en precipitación, y al efecto de las erupciones

volcánicas. Cerca de la cima existen bosques casi puros de copey *(Clusia rosea)*; allí los felinos y las dantas *(Tapirus bairdii)* son muy numerosos. En el parque se han observado 257 especies de aves, incluyendo a la calandria *(Procnias tricarunculata)*, de fuerte y raro canto metálico. Los insectos son muy abundantes; sobresalen entre todos las bellas mariposas morfo *(Morpho* sp.) de las que se hallan 4 especies. En este parque existe probablemente la mayor población en estado silvestre de la guardia morada *(Cattleya skinneri)* que es la flor nacional. Uno de los mayores beneficios de este área es la protección del gran sistema de cuencas hidrográficas que posee el volcán.

# Rincón de la Vieja National Park

14,083 Ha.

Rincón de la Vieja is located in Guanacaste Province at 1.916 meters above sea level. Although it is a single mountain it was formed by the merging of several sources of volcanic eruptions. On the summit nine eruption sites have been identified, two of which remain active. The last period of violent volcanic activity took place between 1966-1970, which resulted in huge clouds of ash, earth tremors and underground rumblings. At the southern foot of the volcano is an area known as Las Hornillas («Kitchen Stoves») where hot springs, fumaroles, solfataras, mud-pots, mud cones and other interesting formations can be found. Rincón offers a variety of habitat types due to the differences

in altitude, rainfall and the effects of volcanic eruptions. Also found here is a small but beautiful 3 Ha. lake. Within the park 257 species of birds have been recorded, including the three-wattled bellbird *(Procnias tricarunculata)* with its unusual loud metallic song. Near the summit felines and tapirs *(Tapirus bairdii)* are numerous as well as almost pure patches of cupey

*(Clusia rosea)*. Insect fauna is abundant, four colorful species of morpho butterflies *(Morpho* sp.) thrive here. The park contains the country's largest population of the guardia morada orchild *(Cattleya skinneri)*, Costa Rica's national flower. One of the major values of this wildland is the protection of the volcano's vast watersheds.

# Parque Nacional Volcán Poás

5.317 Ha.

El Poás, un volcán basáltico compuesto de 2.708 m. de elevación, es uno de los volcanes más espectaculares del país. El cráter es una enorme hoya de 1,5 km. de diámetro y 300 m. de profundidad, con un largo historial de grandes erupciones; la del 25 de enero de 1910 consistió en una inmensa nube de ceniza que se elevó hasta unos 8.000 m. El último período eruptivo, con emisión de grandes nubes de ceniza y piedras incandescentes, acompañadas de ruidos subterráneos, ocurrió entre 1952-54. Por períodos irregulares el

volcán emite erupciones plumiformes o tipo geyser, que consisten en una columna de agua lodosa acompañada de vapor que se eleva del centro de la laguna cratérica a veces hasta 200 m. de altura. Estas erupciones le han valido al Poás la fama de ser el geyser más grande del mundo. En la actualidad el volcán emite gases de las fumarolas localizadas en el cono interior del cráter, los cuales pueden alcanzar temperaturas de hasta 1.050º C, y ocasionalmente emite erupciones grandes de ceniza. El parque presenta seis hábitats: las áreas sin vegetación o de vegetación muy escasa, el área de arrayanes —con predominio de *Vaccinium* spp.—, el bosque achaparrado, dos tipos de bosque nuboso y los bosques secundarios. La fauna es escasa, aunque las aves, particularmen-

te los colibríes y los escarcheros *(Turdus nigrescens)*, sí son muy comunes. Una de las áreas de mayor belleza escénica es la laguna Botos, un antiguo cráter que se llenó de agua.

El Poás es uno de los pocos volcanes del continente accesibles por carretera, y es el parque nacional más desarrollado y uno de los más visitados.

# Poás Volcano National Park

5,317 Ha.

Poás, located close to San José, is a composite basaltic volcano 2.708 meters high. It is one of very few active volcanoes in the Americas

accessible by road and is one of the best developed and most frequently visited national parks in Costa Rica. The crater is an enormous depression 1.5 kilometers in diameter and 300 meters deep. The volcano has a long history of eruptions and one that took place on January 25, 1910 sent up a huge cloud of ash that rose 8.000 meters in height. The most recent period of eruption took place between 1952-1954 and shook the area with underground rumblings. The volcano itself spew ash and burning rocks into the air. Currently Poás has sporadic geyser-like eruptions which shoot up a column of steam and muddy water sometimes as high as 200 meters. These have won the volcano the fame of being the largest geyser in the world. It also releases gas from the fumaroles located in the inner cone of the crater which can reach temperatures of up to 1.050º C. Occasionally Poás also emits large clouds of ash. There are six habitat types found in the park including two kinds of cloud forest, secondary forests, stunted forests, an arrayan area where *Vaccinium* spp. predominate, and areas with little or no vegetation. The fauna is scarce with the exception of birds, especially hummingbirds and sooty robins *(Turdus nigrescens)*. One of the most scenic areas of the park is Botos Lake, an ancient water-filled crater.

# Parque Nacional Braulio Carrillo

44.099 Ha.

Este parque, dedicado al Benemérito de la Patria Lic. Braulio Carrillo, tercer Jefe de Estado de Costa Rica, constituye una de las zonas de topografía más abrupta del país. Casi todo el paisaje está constituido por altas montañas densamente cubiertas de bosques y por innumerables ríos caudalosos que forman cañones profundos, a veces de paredes casi verticales. La topografía y la

alta pecipitación —unos 4.500 mm. en promedio por año— dan lugar a la formación de infinidad de cascadas que se observan por todas partes. Dos volcanes apagados, el Barba —con varias lagunas— y el Cacho Negro, se encuentran dentro de los límites del Braulio Carrillo. El bosque primario cubre un 95 por 100 del área total del parque; este bosque es siempreverde y presenta gran espesura, densidad, altura y complejidad. Los bosques más altos y de mayor número de especies se encuentran en las partes más bajas, frente a la llanura caribeña. En general se estima que existen unas

6.000 especies de plantas en el parque. Los helechos arborescentes, las heliconias o platanillos (*Heliconia* spp.), las palmas, los robles (*Quercus* spp.), las bromeliáceas y las lauráceas son muy abundantes. La fauna es diversa, particularmente la avifauna, de la cual se han observado unas 333 especies, incluyendo el quetzal *(Pharomachrus mocinno)* —el ave más bella del continente—, el extraño pájaro sombrilla *(Cephalopterus glabricollis),* el águila solitaria *(Harpyhalietus solitarius)* y el yigüirro *(Turdus grayi)* —el ave nacional—. Una moderna carretera con excelentes miradores atraviesa el parque de NE a SO.

# Braulio Carrillo National Park

44,099 Ha.

Located just north of San José, this park is dedicated to Lic. Braulio Carrillo, a national benefactor and Costa Rica's third Chief of State. A new highway connecting San José to Limón crosses the park and offers the traveler many spectacular scenic overlooks. The park lies on one of the most rugged regions of the country, where rivers have cut steep vertical canyons through thickly forested mountains. The topography and high rate of rainfall (average of 4.500 mm. per year) combine to form an infinite number of waterfalls. The park also includes two extinct volcanoes, Barva with several lakes, and Cacho Negro. About 95 percent of the park is covered with tall, dense, evergreen forest. The tallest and most biologically rich are those which grow in the lowlands facing the Caribbean plain. It has been estimated that about 6.000 plant species exist in the park. Tree ferns, heliconias (*Heliconia* spp.), palm trees, oaks (*Quercus* spp.), bromeliads, and lauraceous plants are very abundant. Birdlife is especially plentiful with 333 species recorded to date, including the strange looking, barenecked umbrella bird (*Cephalopterus glabricollis*), the solitary eagle (*Harpyhalietus solitarius*), the clay-colored robin (*Turdus grayi*) Costa Rica's national bird, and the quetzal (*Pharomachrus mocinno*), considered to be the most exquisite bird in America.

# Parque Nacional Volcán Irazú

2.309 Ha.

El Irazú o «santabárbara mortal de la naturaleza», como ha sido llamado, es un estratovolcán de forma subcónica irregular, activo, de 3.432 m. de altitud, accesible por carretera, y con una larga historia de erupciones caracterizadas por el lanzamiento de grandes nubes de ceniza y de rocas encendidas, acompañadas de retumbos y de sismos locales. El primer relato histórico de una erupción data de 1723; el último período eruptivo ocurrió entre 1962-65. En la cima existen cuatro cráteres, el Diego de la Haya, inactivo; el principal occidental, de 1.050 m. de diámetro y unos 300 m. de profundidad, que presenta una laguna de aguas de color variable, y

dos cráteres pequeños localizados al SE del principal. Al presente, la actividad se reduce a una moderada emisión de gases y vapor de las solfataras del flanco NO del macizo. La flora ha sufrido fuertes alteraciones a causa de las erupciones; en la actualidad casi toda el área del parque presenta vegetación rala y achaparrada, formada principalmente por arrayán *(Vaccinium consanguineum)*, lengua de vaca *(Miconia sp.)*, arrecachillo *(Myrrhidendron donnell-smithii)*, salvia *(Buddleia nitida)*, mata-gente *(Oreopanax xalapensis)* y roble negro *(Quercus costaricensis)*. La fauna es escasa; lo más abundante son conejos *(Sylvilagus brasiliensis)*, coyotes *(Canis latrans)*, cusucos *(Dasypus novemcinctus)*, puerco espines *(Sphiggurus mexicanus)*, lagartijas, colibríes, gavilanes y palomas. El área es hermosa y en días despejados se puede ver desde el cerro Alto Grande ambos océanos y gran parte del país.

# Irazú Volcano National Park

2,309 Ha.

Irazú or the «Powder Keg of Nature» as it has been called, is a 3.432 meter high active strato volcano located just west of San José. It has a long history of eruptions that typically consist of spewing out huge clouds of ash and burning rocks along with rumblings and earth tremors. The first historical account of an eruption dates from 1723 and the last eruption period took place between 1962-1965. The region is both awesome and beautiful and on clear days from Alto Grande Peak one can see both oceans and a large expanse of mainland. At the summit there are four craters, the extinct Diego de la Haya, the main (and westernmost) crater that measures 1.050 meters in diameter and 300 meters deep and two small craters (southeast of the main crater). At the present time the volcano's activity is limited to an occasional emission of gases and vapors from the solfataras on the northwestern flank. The plant life has undergone considerable alteration due to the eruptions resulting in stunted forest growth throughout the park. The most common plant species are arrayan (*Vaccinium consanguineum*), miconia (*Miconia* sp.), arrechachillo (*Myrrhidendron donnellsmithii*), salvia (*Buddleia nitida*), growing stick (*Oreopanax xalapenis*) and black oak *Quercus costaricensis*). Fauna is scarce and species frequently seen are rabbits *(Sylvilagus brasiliensis)*, coyotes *(Canis latrans)*, common long-nosed armadillos *(Dasypus novemcintus)*, Mexican tree porcupines *(Sphiggurus mexicanus)*, lizards, hummingbirds, sparrow hawks and doves.

# Monumento Nacional Guayabo

**217 Ha.**

Es el área arqueológica más importante y de mayor tamaño que se ha descubierto hasta ahora en el país. La ocupación humana del sitio parece remontarse al año 500 a. C., aunque fue entre el 800 y el 1400 d. C. cuando se produjo el mayor desarrollo del cacicazgo y se construyeron las estructuras de piedra que se ven hoy día. Los principales rasgos arquitectónicos de cantos rodados presentes son las calzadas, las gradas, los muros de contención, los puentes, los montículos de forma circular, elipsoidal o rectan-

gular, y los acueductos abiertos y cerrados. Hasta ahora se han logrado descubrir unos 50 de estos rasgos. Igualmente, por toda el área se observan infinidad de petroglifos. Un hecho que llama la atención al visitar Guayabo es la forma ingeniosa en que sus ocupantes lograron construir en niveles, aprovechando adecuadamente la topografía un tanto irregular del área. A juzgar por su ubicación y extensión, y por lo fino de los objetos en cerámica, piedra y oro encontrados, se considera que Guayabo tuvo una gran

importancia cultural, política y religiosa. En el cañón del río Guayabo, próximo al área arqueológica, se puede observar una muestra de los bosques altos y siempreverdes típicos de la región. La fauna es escasa debido al pequeño tamaño del monumento; lo más visible son aves, insectos, anfibios y mamíferos de pequeño tamaño. La conservación de las estructuras de piedra, que una vez desenterradas comienzan a desacomodarse, erosionarse o hundirse, es el mayor problema que se tiene en este monumento.

# Guayabo National Monument

217 Ha.

Guayabo, located due west of San José, is the largest and most important archeological site discovered to date in Costa Rica. Human occupation of the area may go back as far as 500 B.C., although it was between 800-1400 A.D. when the culture truly flourished and when the stone structures seen today were built. The main architectural structures remaining, many constructed of round boulders, include cobble-paved causeways and streets, tiers, retaining walls, bridges, open or walled-in aquaducts, and circular, elliptical and rectangular mounds.

Approximately 50 percent of these features have been excavated so far. Many petroglyphs (rock carvings) can also be seen throughout the site. An important aspect to note is that Guayabo's former inhabitants posessed the necessary skills to use the region's rugged irregular topography to their advantage. Judging by its location, size, and by the finely

crafted pottery, gold and stone artifacts found here, it seems that Guayabo was an important cultural, political and religious center. In the Guayabo River Canyon, near the archeological site, is a tall evergreen forest which is typical for the region. Due to the monument's small size, wildlife is not particularly abundant. The most frequently sighted animals include small mammals, birds, amphibians and insects. The major management problem of the area is the conservation of stone structures which, after excavation, have a tendency to erode or sink into the ground.

# Refugio Nacional de Fauna Silvestre Tapantí

5.090 Ha.

Es un área de topografía muy irregular, caracterizada por la presencia de una gran cantidad de ríos, quebradas y cascadas, como resultado de la alta precipitación y constante nubosidad. Se estima que en el refugio nacen unos 150 cursos de agua. Los bosques son primarios, siempreverdes, densos y de mediana altura. Los troncos están totalmente cubiertos de musgos, hepáticas, líquenes, helechos, bromeliáceas y otras plantas epífitas. Algunos de los árboles más abundantes son el roble *(Quercus* spp.), el jaúl *(Alnus acuminata)*, el chile muelo *(Drymys winteri)*, el quizarrá *(Nectandra* spp.) y el ira rosa *(Ocotea* spp.). Los helechos arborescentes, así como las or-

quídeas y los bejucos son muy comunes. Una especie que se encuentra en taludes y áreas abiertas, es la sombrilla de pobre *(Gunnera insignis)*, la planta con las hojas más grandes que existe en el país. La fauna es diversa y abundante, aunque a excepción de las aves y las ma-

riposas, difícil de ver; algunas de las especies amenazadas de extinción que existen aquí son la danta *(Tapirus bairdii)*, el manigordo *(Felis pardalis)*, la nutria *(Lutra longicaudis)*, el león breñero *(Felis yagouaroundi)*, el tigrillo *(Felis tigrinus)* y varias especies de águilas. Debido a la alta humedad y a las temperaturas moderadamente cálidas que existen en el refugio, la población de anuros es bastante alta. Este área, dentro de la cual se halla una pequeña represa para fines hidroeléctricos, es en general poco conocida biológicamente.

# Tapantí National Wildlife Refuge

5,090 Ha.

This refuge, southeast of San José, is in a region of rugged terrain, high rainfall, and constant cloud cover. Characterized by rivers, gorges and waterfalls, it is estimated that 150 waterways originate within the refuge. The primary evergreen forests are very dense and of medium height. Many of the tree trunks are completely covered with mosses, liverworts, lichens, ferns, bromeliads, and other epiphytic plants. Some of the most abundant trees are oak *(Quercus* spp.), alder *(Alnus acuminata)*, winter's bark *(Drymys winteri)*, sweetwood *(Nectandra* spp.), and lancewood *(Ocotea* spp.). Tree ferns as well as many species of orchid and vines are also commonly seen. One unusual looking plant found on slopes and in open areas is the poor man's umbrella *(Gunnera insignis)*, which has the largest leaves of any plant in Costa Rica. Many types of birds and butterflies inhabit the refuge as well as other varied and numerous faunal species. The refuge is home to some endangered species such as the tapir *(Tapirus bairdii)*, the ocelot *(Felis pardalis)*, the Neotropical river otter *(Lutra longicaudis)*, the jaguarundi *(Felis yagouaroundi)*, the tiger cat *(Felis tigrinus)*, and several species of eagles. Due to the high humidity and the mild temperatures in the refuge, many different frogs, often brightly colored and beautiful, are common. The refuge also contains a small dam to produce electricity.

# Parque Nacional Chirripó y Parque Internacional de la Amistad Costa Rica-Panamá

Chirripó: 50.150 Ha.; Amistad: 190.513 Ha.

Ambos parques abarcan el área de mayor diversidad biológica de Costa Rica, constituyen el bosque virgen más grande del país y conforman una de las regiones de mayor potencial hidroeléctrico de la nación. Se encuentran aquí presentes un número extraordinario de hábitats, producto de las diferencias en altura, suelo, clima y topografía, tales como los páramos —con vegetación achaparrada de origen andino

y que se extienden a partir de los 3.000 m.—, las ciénagas de altura, los robledales *(Quercus* spp.) —con árboles rectos y de gran altura—, los madroñales *(Arctostaphylos arbutoides)*, los helechales —compuestos principalmente por *Lomaria* spp. y por *Sphagnum* spp.—, diversos tipos de comunidades arbustivo-herbáceas y los bosques mixtos de diversa composición. La fauna es extraordinariamente diversa; se han observado unas 215 especies de mamíferos —incluyendo la población más alta del país de dantas *(Tapirus bairdii)*—, 400 de aves —entre ellas el quetzal *(Pharomachrus mocinno)*, también llamado el fénix de los bosques—, 250 de anfibios y reptiles y 115 de peces. Se estima que ambos parques incluyen más del 60 por 100 de todos los vertebrados e invertebrados de Costa Rica. El Cerro Chirripó, con 3.819 m., es la montaña más alta del país; las lagunas que se encuentran en su cima se formaron hace unos 25.000 años por la acción de los glaciares. Los innumerables valles y sabanas que existen en ambas áreas, son de incomparable belleza, y los picos constituyen excelentes miradores. Ambos parques y otras áreas vecinas fueron declarados por la Unesco en 1982 «Reserva de la Biosfera» y en 1983 «Sitio del Patrimonio Mundial».

# The Costa Rican-Panamenian La Amistad International Park and Chirripó National Park

Chirripó 50,150 Ha.; La Amistad 190,513 Ha.

These two parks contain the greatest biological diversity in all of Costa Rica. They protect the country's largest stand of virgin forest and the region also has great hydroelectric potential. As a result of the differences in altitude, topography, soil type, and climate, an extraordinary number of habitats can be found. These include paramos that begin at 3.000 meters and are characterized by stunted vegetation of Andean origin,

highland swamps, oak forests *(Quercus* spp.) characterized by straight tall trees, *Arctostaphylos arbutoides* forests, fern groves composed of *Lomaria* spp. and *Sphagnum* spp., different kinds of herbaceous shrub communities and mixed forests. The fauna is incredibly rich and approximately 215 species of mammals have been sighted including the country's largest population of tapir *(Tapirus bairdii).* Some 400 species of birds have been recorded, including the quetzal *(Pharomachrus mocinno)* —also known as the «phoenix of the forest»— as well as 250 amphibians and reptiles and 115 species of fish. It has been estimated that 60 percent of all Costa Rican vertebrate and invertebrate animals are found within these two parks. Chirripó Peak, towering 3.819 meters high, is the tallest mountain in the country. The lakes that crown the summit were formed by glaciers over 25.000 years ago. The innumerable valleys with savannahs that exist in both regions are incomparably beautiful and the mountain peaks provide excellent scenic overlooks. Both parks, along with some of the neighboring areas, were declared a «Biosphere Reserve» by UNESCO in 1982.

# Reserva Biológica Hitoy-Cerere

9.154 Ha.

Esta reserva se localiza en una zona muy húmeda; llueve más de 3.500 mm. por año. La topografía es sumamente abrupta y toda el área está surcada por infinidad de ríos

muy pedregosos y con muchos rápidos. Las cascadas son numerosas y algunas alcanzan decenas de metros de altura. Los bosques son siempreverdes, de varios estratos, muy densos y de gran complejidad biológica. Llama la atención la altura de los árboles; la mayoría tienen más de 30 m., y los emergentes como el cedro macho *(Carapa guianensis)*, el gavilán *(Pentaclethra macroloba)*, el María *(Calophyllum brasiliense)*, el ceibo *(Ceiba pentandra)*, el jabillo *(Hura crepitans)* y el guayabón *(Terminalia lucida)*, alcanzan más de 50 m. La mayor parte de los árboles están cubiertos por una capa de musgos y líquenes, y en las ramas proliferan las orquídeas, las bromeliáceas y otros tipos de plantas epífitas. En el sotobosque abundan los helechos arborescentes, y sobre el piso es común la selaginela *(Selaginella* spp.). La fauna es rica y variada, aunque la mayoría de las especies, por vivir en las copas o ser nocturnas, son poco visibles; los perezosos, los monos, los saínos *(Tayassu tajacu)* y los anuros son bastante abundantes. Se han observado unas 115 especies de aves en el área, incluyendo las oropéndolas de Montezuma *(Gymnostinops montezuma)*, que se congregan para construir gran cantidad de nidos colgantes en un solo árbol. En general, esta reserva ha sido poco explorada geográfica y biológicamente.

# Hitoy-Cerere Biological Reserve

9,154 Ha.

This reserve, located in southwest Costa Rica close to the Caribbean, is in a very humid region that receives over 3.500 mm. of rain per year. The topography is extremely rugged and criss-crossed by many streams and swift, whitewater rivers. Spectacular waterfalls can be seen plunging from considerable heights. The dense evergreen forests are several stories high, with giant trees that may grow to heights of 30 meters or more. The lofty emergent layer, 50 meters high at some points, is composed of crabwood *(Carapa guianensis)*, wild tamarind *(Pentaclethra macroloba)*, Santa María *(Calophyllum brasiliense)*, silk-cotton tree *(Ceiba pentandra)*, hura *(Hura crepitans)* and guayabo de monte *(Terminalia lucida)*. The dense evergreen forests are very complex biologically. Most of the trees are cloaked by mosses, liverworts and lichens and the branches are draped with orchids, bromeliads and other kinds of epiphytic plants. Tree ferns abound in the understory and selaginella *(Selaginella* spp.) is the most common ground cover. The fauna is rich and varied though rarely seen because the majority of species are either nocturnal or treetop dwelling. There are large populations of sloths, monkeys, collared peccaries *(Tayassu tajacu)* and frogs. Preliminary studies have identified 115 species of birds including the Montezuma oropendola *(Gymnostinops montezuma)*. The oropendolas form breeding colonies, easily recognizable by the rare, large, swinging nests constructed of plant fiver and dangling from the branches of a single large tree.

# Refugio Nacional de Vida Silvestre Caño Negro

9.969 Ha.

La laguna estacional de Caño Negro, de unas 800 Ha. de superficie y de unos 3 m. de profundidad, es un área de rebalse del río Frío, que durante la breve estación seca llega a desaparecer casi por completo. En las orillas de la laguna predomina la vegetación herbácea constituida principalmente por junco *(Juncus* spp.) y por diversas especies de arbustos, pastos y ciperáceas. Al secarse el lago, la mayor parte del terreno se observa cubierto por el pasto gamalote *(Paspalum fasciculatum).* En los alrededores del lago y en las partes N y S predominan bosques mixtos inundados o de inundación estacional —algunos con predominio de camíbar *(Copaifera aromatica)* y de cerillo *(Symphonia globulifera)—,* y bosques de palmas con predominio de yolillo *(Raphia taedigera),* palma real *(Scheelia rostrata)* y palma corozo *(Elaeis oleifera).* La fauna es muy rica y diversa; algunos animales amenazados de extinción aquí presentes son los felinos, la danta *(Tapirus bairdii)* y los cocodrilos *(Crocodylus acutus).* La avifauna acuática es particularmente abundante; las especies más comunes son el pato aguja *(Anhinga anhinga),* la garza rosada *(Ajaia ajaja),* el gallito de agua *(Jacana spinosa),* el garzón *(Mycteria americana),* el pijije común *(Dendrocygna autumnalis),* la garcilla bueyera *(Bubulcus ibis)* y el pato chancho *(Phalacrocorax olivaceus),* cuya colonia en el refugio es la más grande del país. En este refugio se encuentra la única población permanente en el país del clarinero nicaragüense *(Quiscalus nicaraguensis).* En el río y los caños abundan las tortugas, los caimanes *(Caiman crocodylus),* los tiburones toro *(Carcharhinus leucas),* los róbalos *(Centropomus undecimalis)* y los gaspares *(Atractosteus tropicus).*

# Caño Negro National Wildlife Refuge

),969 Ha.

The refuge is located in northcentral Costa Rica. The 800

Ha. seasonal lake at Caño Negro is a spill-off site for the Frío River. During the short dry season the lake completely disappears. The shores are mostly covered by herbaceous plants, especially junco *(Juncus* spp.) and by several cyperaceous species as well as different types of shrubs and grasses. When the lake dries up, gamalote grass *(Paspalum fasciculatum)* thrives. To the north

and south of the lake region the predominant vegetation consists of flooded or seasonally flooded mixed forest made up mainly of copaiba *(Copaifera aromatica)*, manni forests *(Symphonia globulifera)*, and palm groves with an abundance of holillo *(Raphia taedigera)*, royal palm *(Scheelia rostrata)*, and corozo palm *(Elaeis oleifera)*. The fauna is abundant and varied. Waterfowl species are especially numerous, the most common being American anhinga *(Anhinga anhinga)*, roseate spoonbill *(Ajaia ajaja)*, norther jacana *(Jacana spinosa)*, stork *(Mycteria americana)*, black-bellied tree duck *(Dendrocygna autumnalis)*, cattle egret *(Bubulcus ibis)*, and Neotropic cormorant *(Phalacrocorax olivaceus)*. The latter species has established the largest Costa Rican colony here at Caño Negro. Other animals include some endangered species such as various felines, tapirs *(Tapirus bairdii)* and crocodiles *(Crocodylus acutus)*. The refuge also protects the country's only permanent population of Nicaraguan grackle *(Quiscalus nicaraguensis)*. Turtle species, caiman *(Caiman crocodylus)*, bull shark *(Carcharhinus leucas)*, Caribbean snook *(Centropomus undecimalis)*, and gar *(Atractosteus tropicus)*, all find homes in the rivers and channels of Caño Negro.

# Refugio Nacional de Fauna Silvestre Barra del Colorado

92.000 Ha.

El refugio se localiza en una región formada por una gran llanura aluvial de origen reciente, en la que afloran pequeñas colinas de roca volcánica. Toda el área es muy lluviosa —unos 6.000 mm. al año— y está constituida por un mosaico de bosques pantanosos, yolillales —formados por la palma *Raphia taedigera*—, pantanos herbáceos, lagunas y bosques mixtos de diversa composición. La fauna silvestre es en general muy abundante, aunque poco estudiada hasta ahora; algunas de las especies en peligro de extinción aquí presentes son el manatí o vaca marina *(Trichechus manatus)*, la danta *(Tapirus bairdii)*, el puma *(Felis concolor)*, el jaguar *(Felis onca)*, el león breñero *(Felis yagouaroundi)*, el manigordo *(Felis pardalis)* y el caimán *(Caiman crocodylus)*. Algunas de las especies de aves más conspicuas existentes son el tucán pico iris *(Ramphastos sulfuratus)*, la lapa verde *(Ara ambigua)* y el águila pescadora *(Pandion haliaetus)*. En las lagunas y ríos de esta región vive el pez gaspar *(Atractosteus tropicus)* —un fósil viviente que se asemeja a un cocodrilo y cuyo desove es un espectáculo extraordinario— y en ciertas épocas se observan grandes cardúmenes de sábalos *(Megalops atlanticus)* —pez marino de enorme tamaño—. La mayor parte del refugio puede recorrerse utilizando el amplio sistema de ríos, canales y lagunas que lo cruzan y el cual permite observar con detenimiento la fauna que se encuentra en sus orillas, particularmente aves acuáticas, tortugas de río, monos y perezosos de tres dedos *(Bradypus variegatus)*.

# Barra del Colorado National Wildlife Refuge

92,000 Ha.

This refuge, located along the Caribbean in northeast Costa Rica, is a vast alluvial plain of recent origin with occasional outcroppings of volcanic rock. The region receives a high amount of rainfall, up to 6.000 mm. per year. The refuge itself is a mosaic of swamps, marshlands and mixed forests. Much of the refuge can be visited by navigating the vast system of rivers, channels or lakes that cross it. Here one can observe the wildlife that

inhabit the banks and shores, such as waterfowl, river turtles, monkeys and the three-toed sloths *(Bradypus variegatus)*. Some of the endangered species found in Barra del Colorado include the West Indian manatee *(Trichechus manatus)*, tapir *(Tapirus bairdii)*, puma *(Felis concolor)*, jaguar *(Felis onca)*, jaguarundi *(Felis yagouaroundi)*, ocelot *(Felis pardalis)* and caiman *(Caiman crocodylus)*. Some commonly seen birds are the keel-billed toucan *(Ramphastos sulfuratus)*, great green macaw *(Ara ambigua)* and the hawk-eagle *(Pandion haliaetus)*. The lakes and rivers of the refuge are home to the gar *(Atractosteus tropicus)*, a living fossil fish that looks like a crocodile, and at certain times of the year large schools of the huge saltwater tarpon *(Megalops atlanticus)* may also be seen.

# Parque Nacional Tortuguero

18.946 Ha.

Es el área más importante en toda la mitad occidental del Caribe para el desove de la tortuga verde *(Chelonia mydas)*. Otras especies de tortugas marinas que también anidan en la extensa playa del parque son la baula *(Dermochelys coriacea)* y la carey *(Eretmochelys imbricata)*. El parque es casi todo llanuras, con los cerros de Sierpe, de origen volcánico, en su parte oeste. Es una de las zonas más lluviosas del país —entre 5.000 y 6.000 mm al año— y es una de las áreas silvestres de mayor diversidad biológica. Se han identificado 11 hábitats en el parque; los principales son vegetación litoral, berma, bosques altos muy húmedos, bosques sobre lomas, bosques pantanosos, yolillales —formados casi exclusivamente por la palma yolillo *(Raphia taedigera)*—, pantanos herbáceos y comunidades herbáceas sobre lagunas. La fauna es rica y diversa; son particularmente abundantes los monos, los anuros —de los cuales se han observado 60 especies— los peces y las aves —de las cuales se conocen 309 especies—. En ciertas épocas del año, pueden verse desde la costa espectaculares migraciones de aves que anidan en América del Norte. Un sistema natural de canales y lagunas navegables y de gran belleza escénica cruzan el parque de SE a NO, y son el hábitat de tortugas terrestres, de las cuales se han observado 7 especies—, del manatí o vaca marina *(Trichechus manatus)*, del cocodrilo *(Crocodylus acutus)* y de unas 30 especies de peces de agua dulce. Adicionalmente, estos canales permiten observar diversas especies de aves acuáticas —como el pato de agua *(Heliornis fulica)*—, al igual que otras especies de animales arbóreos como monos y perezosos de tres dedos *(Bradypus variegatus)*.

# Tortuguero National Park

18,946 Ha.

Tortuguero, located on the northern Caribbean coast, is the most important nesting site in the western half of the Caribbean for the green turtle *(Chelonia mydas)*. Other sea turtles nesting along the park's vast stretch of beach are the leatherback *(Dermochelys coriacea)*, and the hawksbill *(Eretmochelys imbricata)*, an endangered species.

Much of the park exists on lowland plains with mountain peaks of volcanic origin in the western sector. This biologically diverse area is one of the rainiest in the entire country, receiving up to 6.000 mm. of rainfall each year. Eleven habitat types have been identified, the major ones being littoral woodland, berm, very moist tall fern forest, hill forest, herbaceous swamp, marshland and holillo forest made up almost exclusively of the *Raphia taedigera* palm. Some 60 species of frogs, 309 birds as well as many fish and several monkeys form part of the diverse fauna at

Tortuguero. During certain times of the year spectacular migrations of North American birds can be seen. A natural system of scenic navigable waterways cross the park from southeast to northwest. These channels offer habitat to 7 species of freshwater turtles, the West Indian manatee *(Trichechus manatus)*, the crocodile *(Crocodylus acutus)* and some 30 species of fresh water fish. These waterways also provide excellent viewing sites for waterfowl, such as the sun grebe *(Heliornis fulica)* as well as other kinds of arboreal animals like monkeys and three-toed sloths *(Bradypus variegatus)*.

# Parque Nacional Cahuita

1.067 Ha.

Es una de las áreas más bellas del país. El principal atractivo lo constituyen sus playas de arena blancuzca y su mar de poco oleaje. El arrecife de coral que se extiende en forma de abanico frente a Punta Cahuita, es el único bien desarrollado en la costa del Caribe de Costa Rica y tiene una superficie de unas 600 Ha.; está formado por ripio de coral viejo, por praderas submarinas de pasto de tortuga *(Thalassia testudinum)*, por arena al descubierto y por parches de coral vivo. Lo que más llama la atención al naturalista que buceando recorre este jardín submarino, son los corales de cuerno de alce *(Acropora palmata)*, los corales cerebriformes *(Diploria strigosa)*, los abanicos de mar *(Gorgonia flabellum)*, y la infinidad de peces multicolores, como el ángel reina *(Holacanthus ciliaris)* y el isabelita *(Holacanthus tricolor)*. Se han identificado 35 especies de corales, 140 de moluscos, 44 de crustáceos, 128 de algas y 123 de peces de agua dulce y salada. La mayor parte de la Punta Cahuita está constituida por un pantano; otros hábitats presentes son el bosque mixto no inundado, el manglar y la vegetación litoral —con abundancia de cocoteros—. La fauna es variada; abundan los cangrejos y son comunes los monos congo *(Alouatta palliata)*, los mapachines *(Procyon lotor)* y los pizotes *(Nasua narica)*, al igual que varias especies de aves de bosque pantanoso como el ibis verde *(Mesembrinibus cayennensis)* y el martín pescador verdirrojizo *(Chloroceryle inda)*. Un naufragio del siglo XVIII es el recurso cultural más importante de Cahuita. La protección del arrecife contra la sedimentación que lo está deteriorando, es el principal problema ambiental de este parque.

# Cahuita National Park

1,067 Ha.

Cahuita is located on the Caribbean coast in one of the most beautiful regions of the country. The park features white sandy beaches, gentle surf, and a large coral reef of about 600 Ha. that stretches out like a fan in front of Cahuita Point. This is the only mature reef on the Caribbean coast and is made up of patches of live coral, underwater prairies of turtle grass *(Thalassia testudinum)* as well as ancient coral debris. Some of the more remarkable features seen by the underwater naturalist are the elkhorn corals *(Acropora palmata)*, smooth brain corals *(Diploria strigosa)*, Venus sea fans *(Gorgonia flabellum)* and an infinite number of multi-colored fish such as the queen angelfish *(Holacanthus ciliaris)* and the rock beauty *(Holacanthus tricolor)*. Also found here are 35 species of coral, 140 mollusks, 44 crustaceans, 128 seaweeds and 123 species of fish. Most of Cahuita Point is swampland but other habitats include unflooded mixed forest, mangrove swamp or littoral woodland with an abundance of coconut trees. The wildlife is varied and some of the commonly-seen animals are crabs, howler monkeys *(Alouatta palliata)*, racoons *(Procyon lotor)*, coatis *(Nasua narica)*, and several swamp forest bird species such as the green ibis *(Mesembrinibus cayennensis)* and the green and rufous kingfisher *(Chloroceryle inda)*. An 18th century shipwreck is the most interesting cultural feature at Cahuita. The major management problem the park has to face is to protect the fragile coral reef from sediments which are being carried by rivers flowing into the Caribbean.

# Refugio Nacional de Vida Silvestre Gandoca-Manzanillo

extienden hasta 200 m. mar adentro. Los arrecifes al frente de las puntas Uva, Manzanillo y Mona miden en conjunto 5 km. cuadrados, y están formados principalmente por los corales *Siderastrea siderea*, *Diploria clivosa*, *Diploria strigosa*, *Agaricia agaricites* y *Porites astreoides*. La mayor parte del área del refugio, que es plana o de colinas de 5.013

Ha. (porción terrestre); 4.436 Ha. (porción marina).

Constituye una de las áreas de mayor belleza escénica del país. La costa del refugio está formada por varias puntas entre las cuales existen playas de arenas blancuzcas, de poco oleaje y pendientes suaves, bordeadas por infinidad de cocoteros y con arrecifes coralinos que se no más de 100 m. de elevación, está cubierta de bosques, y el resto de pastizales y cultivos. Al S de las puntas Manzanillo y Mona existe un pantano de unas 400 Ha. constituido por un bosque muy denso formado básicamente por la palma yolillo *(Raphia taedigera)* y por el árbol orey *(Campnosperma panamensis)*. Una de las especies más sobresalientes en los bosques del área es el cativo *(Prioria copaifera)*. Al SE del refugio se localiza el estero de Gandoca, constituido principalmente por el mangle rojo *(Rhizophora mangle)*, donde existe un banco de ostiones *(Crassostrea rhizophorae)* y donde desova el pez sábalo *(Megalops atlanticus)*. El refugio protege diversas especies de animales que están en vías de extinción en el país, tales como el cocodrilo *(Crocodylus acutus)* y la danta *(Tapirus bairdii)*. Algunas de las aves más conspicuas del área son el tucán pico bicolor o gran curré negro *(Ramphastos swainsonii)*, el aguililla penachudo *(Spizaetus ornatus)*, el loro frentirrojo *(Amazona autumnalis)* y el saltarín cabecirrojo o sargento *(Pipra mentalis)*.

# Gandoca-Manzanillo National Wildlife Refuge

5,013 Ha. (land sector); 4,436 Ha. (ocean sector).

The refuge is located on the Caribbean in one of Costa Rica's most scenic regions. The coastal area is surrounded by a chain of headlands linked together by white sandy beaches with smooth slopes and gentle surf. These rocky areas, fringed with an infinite number of coconut trees, protect the coral reefs

that extend up to 200 meters off shore. The Uva, Manzanillo and Mona Points coral reefs together measure 5 square kilometers and are mainly composed of *Siderastrea siderea, Diploria clivosa, D. strigosa, Agaricia agaricites* and *Porites astreoides* corals. The terrain is flat or slightly hilly with gentle slopes no higher than 100 meters. Most of this area is covered with forest, grassland and occasional small farms. To the south of Manzanillo and Mona Points there is a swamp that measures about 400 Ha. and is made up of thick forest composed principally of holillo *(Raphia taedigera),* and sajo *(Campnosperma panamensis).* To the southeast of the refuge lies the Gandoca estuary which is made up almost exclusively of red mangrove *(Rhizophora mangle).* It protects and oyster bank *(Crassostrea rhizophorae)* and is a spawning site for the Atlantic tarpon *(Megalops atlanticus).* The refuge also protects several species of animals that are found in danger of extinction in Costa Rica such as the crocodile *(Crocodylus acutus)* and the tapir *(tapirus bairdii).* Some of the most conspicuous birds in the area are the crested mandible toucan *(Ramphastos swainsonii),* the ornate hawk eagle *(Spizaetus ornatus),* the red-lored parakeet *(Amazona autumnalis)* and the red-capped manakin *(Pipra mentalis).*

# Lista de Fotógrafos

Pág. 6: Jorge y Jaime Blassi/Incafo; Pág. 7:C. Rivero Blanco; Pág. 10: Juan Antonio Fernández y C. de Noriega/Incafo; Pág. 11: J. A. Fernández y C. de Noriega/Incafo; Pág 12: J. A. Fernández y C. de Noriega/Incafo; Pág. 13: J. y J. Blassi/Incafo; Pág. 14: J. A. Fernández y C. de Noriega/Incafo; Pág. 14: J. M. Barrs/Incafo; Pág. 15: J. M. Barrs/Incafo; Pág. 16: D. Hughes; Pág. 17: J. y J. Blassi/Incafo; Pág. 17: D. Hughes; Pág. 18: J. A. Fernández y C. de Noriega/Incafo; Pág. 19: J. A. Fernández y C. de Noriega/Incafo; Pág. 20: J. A. Fernández y C. de Noriega/Incafo; Pág. 21: J. M. Barrs/Incafo; Pág. 21: J. M. Barrs/Incafo; Pág. 22: J. M. Barrs/Incafo; Pág. 23: J. M. Barrs/Incafo; Pág. 24: J. M. Barrs/Incafo; Pág. 25: S. Saavedra/Incafo; Pág. 26: S. Saavedra/Incafo; Pág. 27: J. L. González Grande/Incafo; Pág. 28: J. A. Fernández y C. de Noriega/Incafo; Pág. 29: J. A. Fernández y C. de Noriega/Incafo; Pág. 30: J. A. Fernández y C. de Noriega/Incafo; Pág. 31: J. y J. Blassi/Incafo; Pág. 32: J. M. Barrs/Incafo; Pág. 33: J. y J. Blassi/Incafo; Pág. 34: J. A. Fernández y C. de Noriega/Incafo; Pág. 35: J. A. Fernández y C. de Noriega/Incafo; Pág. 36: J. A. Fernández y C. de Noriega/Incafo; Pág. 37: S. E. Cornelius; Pág. 38: J. M. Barrs/Incafo; Pág. 38: J. M. Barrs/Incafo; Pág. 40: J. L. González Grande/Incafo; Pág. 41: L. Blas Aritio/Incafo; Pág. 42: J. A. Fernández y C. de Noriega/Incafo; Pág. 43: L. Blas Aritio/Incafo; Pág. 44: L. Blas Aritio/Incafo; Pág. 45: J. y J. Blassi/Incafo; Pág. 46: J. y J. Blassi/Incafo; Pág. 47: J. y J. Blassi/Incafo; Pág. 47: J. y J. Blassi/Incafo; Pág. 48: J. M. Barrs/Incafo; Pág. 49: J. y J. Blassi/Incafo; Pág. 50: J. y J. Blassi/Incafo; Pág. 51: J. y J. Blassi/Incafo; Pág. 52: J. A. Fernández y C. de Noriega/Incafo; Pág. 53: J. A. Fernández y C. de Noriega/Incafo; Pág. 53: J. y J. Blassi/Incafo; Pág. 54: J. A. Fernández y C. de Noriega/Incafo; Pág. 55: J. A. Fernández y C. de Noriega/Incafo; Pág. 56: P. Morton; Pág. 56: P. Morton; Pág. 57: J. A. Fernández y C. de Noriega/Incafo; Pág. 58: J. M. Barrs/Incafo; Pág. 59: J. y J. Blassi/Incafo; Pág. 59: J. y J. Blassi/Incafo; Pág. 59: J. A. Fernández y C. de Noriega/Incafo; Págs. 60-61: J. y J. Blassi/Incafo; Pág. 62: J. y J. Blassi/Incafo; Pág. 63: J. A. Fernández y C. de Noriega/Incafo; Pág. 64: J. M. Barrs/Incafo; Pág. 65: J. M. Barrs/Incafo; Pág. 66: J. A. Fernández y C. de Noriega/Incafo; Pág. 67: J. A. Fernández y C. de Noriega/Incafo; Pág. 68: J. M. Barrs/Incafo; Pág. 68: J. M. Barrs/Incafo; Pág. 69: J. y J. Blassi/Incafo; Pág. 70: J. y J. Blassi/Incafo; Pág. 70: J. y J. Blassi/Incafo; Pág. 71: J. y J. Blassi/Incafo; Págs. 72-73: J. y J. Blassi/Incafo; Pág. 74: C. Rivero Blanco; Pág. 75: J. A. Fernández y C. de Noriega/Incafo; Pág. 76: J. M. Barrs/Incafo; Pág. 76: J. M. Barrs/Incafo; Pág. 77: J. M. Barrs/Incafo; Pág. 78: J. M. Barrs/Incafo; Pág. 79: J. M. Barrs/Incafo; Pág. 80: J. M. Barrs/Incafo; Pág. 81: J. A. Fernández y C. de Noriega/Incafo; Pág. 82: J. y J. Blassi/Incafo; Pág. 83: J. y J. Blassi/Incafo; Pág. 84: J. y J. Blassi/Incafo; Pág. 85: J. y J. Blassi/Incafo; Pág. 86: : J. A. Fernández y C. de Noriega/Incafo; Pág. 87: J. A. Fernández y C. de Noriega/Incafo; Pág. 88: J. A. Fernández y C. de Noriega/Incafo; Pág. 88: J. A. Fernández y C. de Noriega/Incafo; Pág. 89: J. M. Barrs/Incafo; Pág. 90: J. y J. Blassi/Incafo; Pág. 91: J. A. Fernández y C. de Noriega/Incafo; Pág. 92: J. A. Fernández y C. de Noriega/Incafo; Pág. 92: J. y J. Blassi/Incafo; Pág. 93: J. M. Barrs/Incafo; Pág. 94: J. M. Barrs/Incafo; Pág. 95: P. J. Deuries; Pág. 96: J. A. Fernández y C. de Noriega/Incafo; Pág. 97: J. A. Fernández y C. de Noriega/Incafo; Pág. 98: J. A. Fernández y C. de Noriega/Incafo; Pág. 99: J. A. Fernández y C. de Noriega/Incafo; Pág. 100: J. A. Fernández y C. de Noriega/Incafo; Pág. 101: J. y J. Blassi/Incafo; Pág. 101: J. Hanken/Bruce Coleman INC.; Pág. 102: M. A. Boza; Pág. 103: J. y J. Blassi/Incafo; Pág. 104: J. y J. Blassi/Incafo; Pág. 105: J. M. Barrs/Incafo; Pág. 105: J. M. Barrs/Incafo; Pág. 105: J. M. Barrs/Incafo; Pág. 106: H. Geiger/Incafo; Pág. 107: J. y J. Blassi/Incafo; Pág. 108: J. y J. Blassi/Incafo; Pág. 109: J. A. Fernández y C. de Noriega/Incafo; Pág. 110: J. A. Fernández y C. de Noriega/Incafo; Pág. 111: J. A. Fernández y C. de Noriega/Incafo.

Fotografías portada: J. A. Fernández y C. de Noriega/Incafo; L. Blas Aritio/Incafo; J. y J. Blassi/Incafo; J. Hanken/Bruce Coleman INC.; J. A. Fernández y C. de Noriega/Incafo; J. M. Barrs/Incafo; J. A. Fernández y C. de Noriega/Incafo.